· 毛泽东谈文论史全编 ·

顾 问：龙新民 郑欣淼 陈 晋 阎晓宏

跟着毛泽东学诗词

GENZHE MAOZEDONG XUESHICI

毕桂发 主编

刘先银 蒋焱兰 编著

中国文史出版社

图书在版编目（CIP）数据

跟着毛泽东学诗词 / 毕桂发主编；刘先银，蒋焱兰
编著 . — 北京：中国文史出版社，2023.12
（毛泽东谈文论史全编）
ISBN 978-7-5205-4571-6

Ⅰ.①跟… Ⅱ.①毕… ②刘… ③蒋… Ⅲ.①毛主席
诗词—鉴赏 Ⅳ.①A841.4

中国国家版本馆 CIP 数据核字（2023）第 244914 号

责任编辑：窦忠如
特约编辑：王德俊　窦广利　赵增越　张幼平　邓文华　张永俊

出版发行：中国文史出版社
地　　址：北京市海淀区西八里庄路 69 号　邮编：100142
电　　话：010-81136602　81136603　81136606（发行部）
传　　真：010-81136655
制　　版：北京方舟正佳图文制作有限公司
印　　装：廊坊市海涛印刷有限公司
经　　销：全国新华书店
开　　本：700 毫米 × 1000 毫米　1 / 16
印　　张：19.5
字　　数：258 千字
版　　次：2024 年 1 月北京第 1 版
印　　次：2024 年 8 月第 3 次印刷
定　　价：72.00 元

北国风光，千里冰封，万里雪飘。望长城内外，惟余莽莽；大河上下，顿失滔滔。山舞银蛇，原驰蜡象，欲与天公试比高。须晴日，看红装素裹，分外妖娆。

江山如此多娇，引无数英雄竞折腰。惜秦皇汉武，略输文采；唐宗宋祖，稍逊风骚。一代天骄，成吉思汗，只识弯弓射大雕。俱往矣，数风流人物，还看今朝。

毛泽东（沁园春）

总　序

2023 年 12 月 26 日，是中国人民的伟大领袖毛泽东同志诞辰 130 周年。经过多年酝酿策划和组织编撰，我们于今年正式出版发行《毛泽东谈文论史全编》（以下简称《全编》）以示隆重纪念。

十年前，习近平总书记在纪念毛泽东同志诞辰 120 周年座谈会上的重要讲话中指出："毛泽东同志是伟大的马克思主义者，是伟大的无产阶级革命家、战略家、理论家，是马克思主义中国化的伟大开拓者，是近代以来中国伟大的爱国者和民族英雄，是党的第一代领导核心，是领导中国人民彻底改变自己命运和国家面貌的一代伟人。" 同时，毛泽东同志又是世所公认的伟大的文学家、史学家、诗人和作家。在深入学习贯彻党的二十大精神、纪念毛泽东同志诞辰 130 周年的重要时间节点上，组织编撰出版这一大型项目图书，为人们缅怀毛泽东同志的丰功伟绩，学习毛泽东同志的伟人品格、政治智慧和文化思想，提供了一套非常重要的文化历史资料；对于弘扬中华优秀传统文化，学习贯彻党的二十大报告中关于"推进文化自信自强，铸就社会主义文化新辉煌"的重要精神，具有十分宝贵的启示和积极的意义。

在组织编撰这部大型项目图书的过程中，我们坚持以习近平新时代中国特色社会主义思想为指导，认真学习党中央关于历史问题的三个决议精神，特别是十九届六中全会通过的《中共中央关于党的百年奋斗重大成就和历史经验的决议》精神，对全部书稿的政治观点和思想内容进行了认真把关，使其符合三个决议精神，也符合习近平总书记十年来有关论述毛泽东同志历史功绩和毛泽东思想指导地位的重要讲话精神，以及关于学习党史国史和弘扬中华传统文化的重要讲话精神。

《全编》计27种40册1500万字。编撰者耗费数十年心血收集、整理、阐析、赏评，把毛泽东在各个时期的文章、诗词、书信、讲话、谈话中引用、化用、批注、圈阅、点评、编选的古今人物和文史作品，把毛泽东传记、年谱、回忆录中提及或引用和评点的古今人物和文史作品，即使片言只语、寸缣尺楮也收集入册，希望能够集散为专、分门别类，尽量避免遗珠之憾，力求内容全面系统、表述科学客观。

这部《全编》有以下几个特点：

资料齐全。毛泽东同志一生酷爱读书，可以说是博览群书、通古贯今。他曾说："饭可以一日不吃，觉可以一日不睡，书不可以一日不读。"他熟读《二十四史》《资治通鉴》等中国历代著名历史著作，熟读中国历代优秀的诗词文学作品，且不动笔墨不读书，读书时做了大量批注和圈画，还常常在自己的文章、诗词、讲话、谈话中引经据典、巧妙运用，真可谓博学约取、学以致用。这就给我们留下了浩如烟海的珍贵史料。在编著这部《全编》时，我们想最大限度地收集、整理、汇编其所涵盖的各个方面的文献史料，力争做到文献可靠、史料精准，可读性、知识性和趣味性兼具，使其成为研究毛泽东思想特别是毛泽东文化思想的重要资料。

分类精细。毛泽东同志喜欢中国古代文学，阅读、圈评了大量各类体式的文学作品，他的诗词创作尤为脍炙人口。因此，收录《全编》中关于毛泽东同志的文史资料，浩瀚如海，编撰者都进行了认真严格的划分整理，将其分三辑，文学类就有两辑，所占分量最大。比如，编撰者将其细分为评点名诗、名词、散曲、辞赋、小说、散文、戏曲的"毛泽东同志评点中国传统文化赏析"7种19册，以及《跟着毛泽东学诗词》《毛泽东诗话》《周世钊论毛泽东诗词》《毛泽东致周世钊书信手迹》与毛泽东读唐诗、宋词、元曲、古文等的"毛泽东与中国诗词曲赋"8种9册。

评述允当。在这部《全编》中，编撰者将每篇作品分为毛泽东评点、人物、事件评述或毛泽东评点、原文和赏析，力求评述或赏析允妥、适当，即深刻理解毛泽东原文含义，紧扣毛泽东的评点，不作过多发挥，文字力求简明生动。同时，编撰者注重史料收集整理的文献性，兼顾知识性和趣味性，这就使得这部大型项目图书兼具很强的可读性。

这部《全编》还有一个最突出的重要特点，那就是比较集中地梳理和呈现了毛泽东同志的历史自信和文化自信。习近平总书记在纪念毛泽东同志诞辰 120 周年座谈会上的讲话中明确指出，毛泽东同志"是马克思主义中国化的伟大开拓者，是近代以来中国的爱国者和民族英雄"。这个评价反映在毛泽东同志学习和运用、继承和发展中华优秀传统文化方面，鲜明地体现为他的历史自信和文化自信。因此，我们认为这部《全编》的编撰出版，有益于读者更深入体会党的二十大报告论述的"坚持和发展马克思主义，必须同中华优秀传统文化相结合"的重大论断。在这部《全编》中，有关毛泽东圈阅、评点历史人物和文史作品的材料，就很具体地体现了他作为"马克思主义中国化的伟大开拓者"，是如何运用马克思主义的世界观和方法论，去激活中华优秀传统文化的；又是如何通过继承、运用和发挥中华优秀传统文化，为坚持和发展马克思主义提供深厚滋养的。

《全编》除了引用毛泽东同志的相关评点外，主要篇幅是介绍、叙述和评论毛泽东同志评点的对象即历史人物和文史作品，所引毛泽东的评点内容都出自公开的出版物并注明出处。从目前已出版的各类关于毛泽东同志的书籍来看，这是目前更加全面系统反映伟人毛泽东同志的一部大型丛书，但每册又可独立成书，以满足不同读者的阅读喜好与多样需求。当然，限于编撰者的水平和时间，这部《全编》的体例编排和文字表述等方面还有改进和完善空间，恳请专家学者和广大读者朋友不吝批评指正。

《毛泽东谈文论史全编》编委会

2023 年 12 月 18 日

序

众所共知，在中国当代的旧体诗诗人中，毛泽东是首屈一指的。毛泽东的一生，波澜壮阔，惊天地、泣鬼神！他个人本身的伟大经历就构成了一篇气吞山河的伟大史诗。他的诗品人格，和中华民族的英豪气概、传统美德一脉相承。清代著名诗人、诗论家袁枚说："美人之光，可以养目；诗人之诗，可以养心。"学习毛泽东的诗，可以滋养我们的浩然正气，可以塑造我们的非凡人格，可以陶冶我们美好的内心情操，更可以提升我们超绝尘凡的精神境界。

对于多数中国人来说，毛泽东始终是他们的领袖，他们的欢乐与痛苦、荣辱与成败，大都直接或间接地与这位伟人的思想与行动联系在一起。毛泽东相信人民，依靠人民，为人民的利益而斗争，全心全意为人民服务。人民的安危甘苦，使毛泽东魂牵梦萦，为了追求理想社会，他耗费了毕生的精力。分析研究毛泽东的内心世界，我们不难发现，毛泽东深受中国传统历史文化的影响。毛泽东身上始终保留着一条连通其心灵世界与民族文化传统的精神脐带，具有极其深厚的历史文化意蕴。

深受儒家文化传统熏陶的毛泽东继承了古代知识分子的情怀，这种情怀从根本上铸就了其异常执着的"入世"精神品性。从小就对"穷人""饥民"的悲惨命运寄予无限同情的毛泽东，早年在阅读儒家经典以及时人所著的一些救亡小册子时，心中就已升腾起一种"天下兴亡，匹夫有责"的现实使命感。毛泽东离开韶山后数年间对传统典籍刻苦、系统地研习，本着"以圣贤为祈向"的人生追求，进而又将初醒的拯救意识升华为鲜明、强烈的思想性格和价值情怀，青年毛泽东热切地期盼自己就像一切有德行、有知识、有地位的人一样，能以悲天悯人情怀，本着舍身忘我精神，挺身而出，去实现拯民救世的历史使命。"国家者，我们的国家；社会者，我们的社会，我们不说，谁说？我们不干，谁干？"由此，"关怀—拯救"的价值情怀，贯穿于毛泽东的整个人生历程。

本书搜集大量毛泽东诗词，从诗人情怀、思想境界等方面全面揭示了一代伟人毛泽东的心路历程。

"诗以言志，言为心声。"毛主席诗词流传甚广。结合他一生的作为，通过此书，可管窥他的情感世界，重温伟人的心路历程，同时也通过此书重新认识一个颇具感情色彩的凡人、一个气魄雄浑的伟人、一个大雅归真英风长在的诗人。这是诗人用情、用心、用血、用毕生精力书写出来的世界，更是他留给这个世界最为精彩、最为真实也最为珍贵的一份精神财富！

让我们走进毛泽东诗词的瑰丽世界，领略毛泽东的伟大人格境界吧！编著者期待本书能给大家带来一次美不胜收的精神远足和灵魂洗礼！

刘先银　蒋焱兰

2023 年 12 月

目　录

第一编

第二编

第三编

第四编

附 毛泽东相关诗论文字

第一编

贺新郎·别友

1923 年

挥手从兹去。更那堪凄然相向，苦情重诉。眼角眉梢都似恨，热泪欲零还住。知误会前番书语。过眼滔滔云共雾，算人间知己吾和汝。人有病，天知否？

今朝霜重东门路，照横塘半天残月，凄清如许。汽笛一声肠已断，从此天涯孤旅。凭割断愁丝恨缕。要似昆仑崩绝壁，恰像台风扫寰宇。重比翼，和云翥。

注　释

此词最早发表于 1978 年 9 月 9 日《人民日报》。

挥手从兹去：见李白《送友人》："挥手自兹去，萧萧班马鸣。"

零：与"零落"的"零"同义，也是落的意思。《古诗十九首》："终日不成章，泣涕零如雨。"

前番：前次。

书语：信中的话语。知道是误会了前次信中的话语。

横塘：指长沙东门小吴门外清水塘。1921 年冬至 1923 年 4 月，毛泽东租了清水塘边的一所茅屋，兼作中共湘区委员会会址。旧址现为纪念馆。"横塘"也是典故，在古诗中常作女子居住之处。《长干行》："君家何处住，妾住在横塘。停船暂借问，或恐是同乡。"

凭割断：请割断之意。

翥（zhù）：奋飞。

最后两韵原为："我自欲为江海客，更不为昵昵儿女语。山欲坠，云横翥。"

时代背景

此词作于 1923 年 11—12 月间，调系《贺新郎》，无副标题，是写夫妻别情的。1920 年冬，杨开慧与毛泽东在长沙结婚。翌年中国共产党诞生，中共湘区委建立。毛泽东亲任书记，杨开慧亦于这一年入党，在湘区委协助工作。1922 年 10 月生长子岸英。

1923 年 4 月毛泽东调中央工作，告别长沙，赴上海，是年夏杨开慧亦去上海。6 月毛泽东去广州参加中国共产党第三次全国代表大会，当选为中央执行委员会委员、中央局委员、中央局秘书，会后复回上海。9 月经武汉返长沙。杨开慧亦返长沙，11 月生次子岸青。杨开慧刚刚生产不久，毛泽东就奉中央通知，由长沙到上海，再转广州，准备参加国民党第一次全国代表大会。此词当即作于这次离开长沙的时候，是写给夫人杨开慧的。革命激情与儿女柔情有机结合，是一首真挚的革命爱情诗。

赏 析

无论是革命激情还是儿女柔情，都是英雄本色。这首词将阴柔和阳刚两种词体风格和谐地统一在一起，巧妙而别具风格。

1923 年年底，毛泽东接到中共中央通知，由长沙到上海再转广州。

准备参加国民党第一次全国代表大会，这首词是诗人离开长沙不久写给妻子杨开慧的。词的上阕将与爱妻离别时那种难舍难分、无限依恋的场面表现得淋漓尽致，凄切动人。当年毛泽东才 30 岁，上有老母，下有幼子，因革命需要得远离亲人，更何况当年的那种环境，谁也不能预料"挥手从兹去"是生离还是死别。但是，杨开慧毕竟不是一个平常女子，而是一个在革命斗争中经受过锻炼和考验的坚强女性。她理解丈夫，支持丈夫，在革命事业与个人爱情、家庭幸福发生冲突时，强忍住巨大的悲痛——"热泪欲零还住"。面对深明大义的妻子，毛泽东深感欣慰，从内心发出了"算人间知己吾和汝"的感叹。

词的下阕又回到离别的场景：东门外遍地白霜，头顶上半天残月，横塘四周呈现出一派肃杀悲凉的景色，衬托出青年夫妻的离情别绪。到车站要分手了，汽笛一声催人肠断，从此后两人将天各一方。但是，也正是这一声汽笛让诗人惊醒："凭割断愁丝恨缕"，为了国家和民族的利益，必须振作起来。"要似昆仑崩绝壁，又恰像台风扫寰宇"，表现了诗人准备勇猛奔向革命征程的高尚境界。

词的尾句"重比翼，和云翥"可以看出诗人期望不久的将来，夫妻重新团聚，比翼双飞，共为革命作贡献。短短六个字，融入了诗人无限的深情和美好愿望。

沁园春·长沙

1925 年

独立寒秋，湘江北去，橘子洲头。看万山红遍，层林尽染；漫江碧透，百舸争流。鹰击长空，鱼翔浅底，万类霜天竞自由。怅寥廓，问苍茫大地，谁主沉浮？

携来百侣曾游，忆往昔峥嵘岁月稠。恰同学少年，风华正茂；书生意气，挥斥方遒。指点江山，激扬文字，粪土当年万户侯。曾记否，到中流击水，浪遏飞舟？

注　释

此词最早正式发表于《诗刊》1957 年 1 月号。

沁园春：词牌名，由东汉的沁水公主园得名。

长沙：湖南省省会。1913—1918 年，毛泽东就读于湖南省立第一师范学校。

橘子洲：位于长沙市区对面的湘江江心，是湘江下游众多冲积沙洲之一。西望岳麓山，东临长沙城，四面环水，绵延数十里，狭处横约 40 米，宽处横约 140 米，是长沙名胜之一。

舸：船。

寥廓：高远空旷。《楚辞·远游》："下峥嵘而无地兮，上寥廓而无天。"

峥嵘：形容岁月逝去。峥嵘岁月，一般来说，并没有明确地指向美好的时代也没有指向动荡的年代，只要那个年代是个风流人物辈出的年代，那就可以说是峥嵘岁月。

同学少年：毛泽东于 1918 年发起新民学会，入会有蔡和森、何叔衡。

遒（qiú）：强劲。

遏（è）：阻止。

时代背景

词以"长沙"为题。我们知道，长沙是湖南省省会，是中国工农革命的策源地，是毛泽东初期革命活动的中心。毛泽东于 1911 年来到长沙，在第一师范读书，常和同学蔡和森、何叔衡、陈章甫、罗学瓒、张昆弟等到橘子洲一带游览和游泳，并畅谈人生国事，个个慷慨激昂。1917 年毛泽东发起组织新民学会，翌年 4 月 8 日正式成立。后来新民学会发展到七八十人，大多数也是第一师范的同学。毛泽东离开长沙是在 1918 年 9 月。第二年 3 月一度返回。6 月，组织了湖南学生联合会。7 月，出版《湘江评论》。冬天又离开。后于 1920 年 7 月再度返回，在长沙担任过教学职务，成立了马克思主义研究会，组织过平民夜校和文化书社。这是中国共产党成立的前一年。此时，毛泽东已经成为一个坚定的马克思主义者。1922 年 1 月在安源曾经组织过工人补习学校。同年夏又领导过长沙土木工人的罢工，促进了湖南全省总工会的成立。直到 1923 年 4 月，被当时统治湖南的反动军阀赵恒惕下令通缉，乃赴上海，转广州。一年以后，1925年1月，他又回到湖南，在农村中组织了以反对日本帝国主义为旗帜的雪耻会，这事实上就是农民协会的前身。到了初冬，反动统治当局察觉到这些活动对于统治集团的危险，于是加紧防范，有意逮捕，毛泽东才又离开湖南，南下广州，主持农民运动讲习所。《沁园春·长沙》便是在这次离开长沙的前夕作的。此后直到1926年7月，北伐军推翻了赵恒惕，解放了长沙，毛泽东于12月再度回长沙。从这些记载中，我们可以看到，毛泽东于青少年时代，曾在长沙度过长期的进德修业的生活，以后奔走革命，也曾数度往返出入于此。长沙对毛泽东说来，是具有多么深厚而亲切的政治感情和生活感情！长沙近郊一带的风景名区，本来山川之美，古来共谈，有了以毛泽东为首的革命青年的登临吟赏，更使它在革命史上焕发出新的时代光辉，给人以深刻的印象。这首词就是以这样一个典型环境作为背景，抒写旧地重游、抚今追昔的激情壮志的。

赏　析

此词景中有情，情中有景；有景有情，情景交融。通览上下，楚天湘水，鲜明如绘；意气风华，俊爽风流。苍茫沉浮，兴寄旷远；击水飞舟，斗志昂扬。整个说来，浮雕着绚烂的艺术形象，洋溢着炽热的时代精神。

上阕即景生情，下阕缘情设景，合上下观之，莫不是"情景不离，妙合无垠"，莫不是"一切景语，皆情语也"，莫不是"情为主，景为宾"。其实，这本是一切抒情诗的共同特色。古人说："诗言志。"又说："诗者，持也，持人情性。"如果仅仅是品题泉石，摹绘烟霞，怎能变成诗篇？情感才是诗歌的主要因素。古今中外的诗论，于此莫不异口同声；同时，这论断也早为古今中外的创作实践所印证。

山红江碧，鹰击鱼翔，这是单纯的外在自然。它们本身并不能构成诗篇，只有经过诗人的剪裁、概括、点染、熔冶，它们才得以成为艺术形象，具有感人的魅力。在这个意义上，我们说："景物无自生，唯情所化。"我们说："融景入情，寄情于景"。至于诗篇所反映的生活内容，所揭示的现实意义，却远远不能局限于这些自然景物。诗篇中所树立起的海燕与山鹰般意气风发的抒情主人公形象、诗篇中所流露的长虹与朝霞般光芒耀目的革命乐观主义精神，其源泉乃在于工人运动和农民运动掀起的轰轰烈烈的革命风暴，乃在于毛泽东和他的年轻战友们在长沙度过的激情的革命生涯。而这些，作为构成诗篇源泉的社会生活，并不附丽于诗中之景，而是结晶为诗中之情。这情，也就是一定的社会生活在诗人头脑中反映的产物。这也正如《围炉诗话》作者吴乔所谓："心不孤起，仗境方生。""诗而有境有情，则自有人在其中。"这个人便是抒情主人公的性格形象。在诗篇本身，便形成其独创风格，所谓"风格即人"，所谓"诗品出于人品"。毛泽东此词，词的情调是慷慨激昂的，风格是豪迈爽朗的。大开大阖、一气呵成、奔雷掣电、吐月吞星，既具壮采的奇观，又富深广的内涵。豪语而以蕴藉出之，不是粗率，而是妩媚；驰骤而间以顿挫摇曳，不是滑易，而是错综。是美与力之间的融合，也是豪放与妩媚的结合，壮美与优美的结合。而这些，不正是青年毛泽东的光辉形象么？诗以道性情，这一点在此诗风格中表露得再显著不过了。

菩萨蛮·黄鹤楼

1927 年春

茫茫九派流中国，沉沉一线穿南北。烟雨莽苍苍，龟蛇锁大江。

黄鹤知何去？剩有游人处。把酒酹滔滔，心潮逐浪高！

注　释

菩萨蛮：词牌名。原指唐朝女蛮国进贡者。他们梳有高高的发髻，戴金饰帽子，挂珠玉项圈，因此名词。

黄鹤楼：最初位于湖北武昌西黄鹤矶上，始建于三国孙吴时，南朝以后就很著名，有"天下绝景"之称。传仙人子安骑黄鹤过。唐崔颢《黄鹤楼》:

"昔人已乘黄鹤去，此地空余黄鹤楼。黄鹤一去不复返，白云千载空悠悠。晴川历历汉阳树，芳草萋萋鹦鹉洲。日暮乡关何处是？烟波江上使人愁。"李白《江上吟》："仙人有待乘黄鹤，海客无心随白鸥。"后因修筑长江大桥，楼曾拆去，改在蛇山顶上重建。

龟蛇：龟山在汉阳，蛇山在武昌。

酹（lèi）：浇酒于地。苏轼《念奴娇》："一樽还酹江月。"

时代背景

此词作于 1927 年春，当时正是第一次国内革命战争期间，"四一二"事变前夕。这年 1 月，武汉建立了革命政府。革命群众从帝国主义手里收回了汉口九江的租界，上海工人正在轰轰烈烈地举行三次起义。以湖南为中心的全国农民运动也正在广泛地开展起来，正如毛泽东所说："很短的时间内，将有几万万农民从中国中部、南部和北部各省起来，其势如暴风骤雨，迅猛异常，无论什么大的力量都将压抑不住。他们将冲决一切束缚他们的罗网，朝着解放的路上迅跑。一切帝国主义、军阀、贪官污吏、土豪劣绅，都将被他们葬入坟墓。"（《湖南农民运动考察报告》）总的说来，当时的革命形势是很有利的。不过，另一方面，在革命统一战线当中，还隐藏着像蒋介石、汪精卫等反动派。有的已在明目张胆准备分裂叛变，而在党内由于陈独秀执行右倾机会主义的错误路线，不但对蒋介石的反动气焰没有坚决打击，而且对汪精卫的阴谋活动也一味退让，甚至还收缴工人纠察队和农民自卫军的武器，拒不接受毛泽东和其他许多同志的正确主张。这样就给革命带来了严重危机。就是在这种政治背景下，毛泽东登临黄鹤楼头眺望，酒后面对滔滔江水，心潮起伏，热血沸腾，因而作了这首词，写下当时的感受。毛泽东自己在注释本词中"心潮"句时说："1927 年，大革命失败的前夕，心情苍凉，一时不知如何是好。这是那年的春季。夏季，8 月 7 日，党的紧急会议，决定武装反抗，从此找到了出路。"

赏　析

上阕写景：登楼纵目，茫茫沉沉，莽莽苍苍，自远而近，宏伟壮彩。一个"锁"字，联结双山大江，不但形象地描绘了龟蛇夹峙的形势，而且暗写出乱石崩云、惊涛拍岸的一段江景。设象意中，而象在意外，蕴藉无穷，引人入胜。

下阕言情：倚危把酒，怀古思今，应物思感，由境及心，豪放深沉。一个"逐"字，绾合心潮江浪，不但生动地写出了浪花的滚滚催进，而且隐喻汹涌澎湃、如火如荼的革命高潮。设意象中，而意在象外。含蓄不尽，耐人寻味。

合上下两阕通读，闭目遐想，宛然如见：诗人以酒后豪兴，挥如椽大笔，略作点画，便勾勒出雄浑高华的境界。它不仅把黄鹤楼的胜景，把武汉的景色，以及祖国山川壮丽寥廓的风光，具有特征性地烘托了出来，而且也把诗人崇高的抱负与激情，把民族伟大的气魄与力量，以及时代风雨和革命精神，都生动地展示在我们面前。仅仅一首短诗，一阕小令，收摄风云，囊括古今，它的包容量是无限辽阔宏大的，给人以尺幅千里的壮观感。本来像《菩萨蛮》这样的小令，只有短短 8 句，寥寥 44 字，正如文章中的小品，绘画中的条幅，仅仅适宜于写些小场面，抒婉转、发片断、记零星，才是它的本色。历史上号称豪放词人的辛弃疾，在《稼轩词》中共收此调 22 首，也只有《书江西造口壁》一首，略较宏阔，博得《艺蘅馆词选》评说："《菩萨蛮》如此大声镗鞳，未曾有也。"其词曰："郁孤台下清江水，中间多少行人泪？西北望长安，可怜无数山。　青山遮不住，毕竟东流去。江晚正愁予，山深闻鹧鸪。"看来确是宕逸深练，别开生面。不过，亦只是抒感慨、寄忧愤而已。若毛泽东此词，虽是小令，而气象意境，雅深雄健，一如长调，不愧黄钟大吕，禁得引吭高歌。这才真是"器大者声必闳，志高者意必远"（范开《稼轩词序》）。

西江月·井冈山

1928 年秋

山下旌旗在望，山头鼓角相闻。敌军围困万千重，我自岿然不动。

早已森严壁垒，更加众志成城。黄洋界上炮声隆，报道敌军宵遁。

注 释

此词最早发表于《诗刊》1957 年 1 月号。

旌旗：旗帜的总称，借指军士。唐朝王昌龄《青楼曲》之一："白马金鞍从武皇，旌旗十万宿长杨。"

岿然不动：像高山一样挺立着一动不动。形容高大坚固，不能动摇。

众志成城：大家同心协力，就像城墙一样牢固。比喻大家团结一致，就能克服困难。

宵遁：乘夜逃跑。

时代背景

井冈山，位于罗霄山脉的中段，在湘赣两省的宁冈、酃（líng）县、遂州、永新四县之交界处，周围550里。山中峰峦环抱，林木茂密，形势险要。1927年9月，湖南秋收起义后，毛泽东即率领参加起义的革命武装进驻井冈山。1928年4月，与朱德总司令所部会合，于是就建立了第一个红色根据地。井冈山根据地建立之后，革命力量日益扩大，红色区域日益推广，到了6月间，湘赣边区就进入了全盛时期。这时的斗争形势本来极为有利，可是当时湖南省委派代表杜修经来，坚决主张红军毫不犹豫地向南发展，只留200支枪同赤卫队保卫边界，并说这是"绝对正确"的方针。7月中旬，杜修经强使红军主力二十八团和二十九团进攻郴州。8月，战斗失败。改编后的二十八团退往桂东。毛泽东（时任红四军党代表）听到这个消息，就亲自带了三十一团的第三营前去迎接大队，井冈山只有人数不足的第一营留守。这时，湘敌吴尚第八军及赣敌之一部，见我内部空虚，于是就以比我多十几倍的兵力向山上进犯，我军凭借黄洋界天险奋勇抗拒，终于击退了敌人。这就是黄洋界保卫战。此词当即作于这次保卫战以后。词题作"井冈山"，内容却不是描写山景，而是写保卫井冈山根据地的一次惊心动魄的武装斗争，是一幅生动鲜明的战场速写，是一首雄壮真实的革命史诗。

赏 析

毛泽东曾很谦虚地自称此词："诗味不多，没有什么特色。"此词亦属小令，全篇只有8句，不尚藻绘，不务雕饰，朴素而精练，写当时战争实况，把伟大领袖的思想感情以及革命战士的精神风貌，无比清楚地勾勒了出来，具有极大的感染力。

此词上阕写我军严整的部署和昂扬的士气。词由敌而我，用对仗领起。山下、山头，目望耳闻，都是写敌军。眼前飘闪着漫山遍野的旌旗，耳边喧闹着震天动地的鼓角，一派如火如荼、紧张严肃的战争景象，绘出"敌军围困万千重"的气氛，同时也把我军严阵以待、从容不迫的气度暗衬了出来。紧承"我自"句，一个"自"，一个"岿然"，又加上个"不动"，充分表现出胜算在握、屹立如山的气概，有着高度的自豪感和坚定的自信心。

下阕写军民万众一心，粉碎敌人的围攻，取得战争的胜利。"早已森严壁垒"承上阕前两句，"更加众志成城"承上阕后二句，"早已""更加"，又自相呼应。"森严壁垒""众志成城"，8个字是对全体军民绝妙的赞语。有形的"壁垒"，无形的"长城"，地利人和，在这种阵势和气势下，窜犯敌寇，哪得不被压垮？所以结尾"黄洋界上炮声隆，报道敌军宵遁"两句，点出在我军猛烈炮火攻击中敌人仓皇溃退，正是必然的结局。"宵遁"，写敌人连逃跑也只敢乘黑夜进行，一方面道尽了敌人的狼狈，一方面也见出我军的声威震赫。全词就在这里结束，更显出这一仗打得兴致淋漓，大快人心。

清平乐·蒋桂战争

1929 年秋

风云突变，军阀重开战。洒向人间都是怨，一枕黄粱再现。

红旗跃过汀江，直下龙岩上杭。收拾金瓯一片，分田分地真忙。

注　释

蒋桂战争：指蒋介石与桂系李宗仁之间的战争。

一枕黄粱：用来比喻根本不能实现的企图和愿望，或是那些虚幻、一场空的事物。"黄粱"是小米，"黄粱一梦"，意思就是煮一锅小米饭的时间，做了一场甜蜜的美梦。

汀江：流经福建长汀、上杭。

金瓯（ōu）：黄金做的盆类器皿，比喻完整的疆土，泛指国土。南北朝时梁武帝曾说："我国象犹若金瓯，无一伤缺。"（见《南史·朱异传》）。

时代背景

毛泽东于1928年10月5日所作《中国的红色政权为什么能够存在？》一文中，就曾指出："国民党新军阀蒋桂冯阎四派，在北京天津没有打下以前，有一个对张作霖的临时团结。北京天津打下以后，这个团结立即解散，变为四派内部激烈斗争的局面，蒋桂两派且在酝酿战争中。中国内部各派军阀的矛盾和斗争，反映着帝国主义各国的矛盾和斗争。故只要各国帝国主义分裂中国的状况存在，各派军阀就无论如何不能妥协，所有妥协都是暂时的。今天的暂时的妥协，即酝酿着明天的更大的战争。"果然，1929年3、4月间，蒋介石和广西军阀争夺华中的战争爆发了。8月间，蒋介石和冯玉祥、阎锡山的第一次战争爆发了。第二年4月，第二次战争又爆发了。以后直到"七七"事变前，蒋家王朝几无宁日。

此词标题《蒋桂战争》，作于1929年秋，当在黄洋界保卫战（8月31日）之后，重阳节（10月11日）之前，9、10月间。时李（李宗仁）、白（白崇禧）已失败，阎、冯又起，正在与蒋对峙中。毛泽东特别标出"蒋桂战争"的原因，大约是因为此词主旨不在叙写军阀混战而在歌唱革命形势的发展。对红军战斗产生了直接影响的，在当时主要是蒋桂战争。蒋阎冯战争暂未及之。

1929年红军曾三次进入闽西。第一次：由江西瑞金出发，沿赣闽交界处的木杉岭，经牛犊坪，于2月下旬入闽；3月，消灭匪军郭凤鸣旅，占长汀。第二次：4、5月间，再由瑞金附近插入闽西；5月下旬，大败匪军陈国辉旅，占龙岩；6月中旬，再占龙岩；9月21日占上杭，消灭匪军卢新铭旅。第三次：10月间，红四军出去广东梅县、芜岭等地；12月初，回师闽西，再克长汀。此词当作于第二次入闽攻占上杭之后的几天中，其上限为9月21日，下限为10月11日。

赏　析

上阕写军阀重启战端，争权夺利，祸国殃民，人民怨气冲天。下阕写红军解放闽西，分田分地，建立根据地，如火如荼，紧张热闹。上阕写敌，下阕写我。上阕写得斩钉截铁，痛斥尽现；下阕写得欢天喜地，兴致淋漓。

上下两阕，敌我双方，两种情境，两种语调。在结构上似断实续，在形象上似割裂实完整。语言富有跳跃性，却不散乱。混战的军阀与革命的人民这两种客观现实反映于诗人的头脑里，才形成词中所流露的情感，这情感才具有典型性，这情感才是凝结而一贯的。同时，对敌人的憎恶与对人民的热爱，这种感情倾向的理性基础，乃是深深植根于上述矛盾斗争和对立统一的现实生活土壤中。它是伟大诗人革命立场的形象显现。

一定的感情倾向必然奠基于一定的理性基础之上，这是情与理的关系。理，便是诗人通过实践活动而取得和作出的对于生活的认识与评价。这些反映在诗篇中，一般不需要使用抽象议论或单纯抒发的语言，无论写景，无论叙事，都是抒情的手段。诗人只要是把触发真情实感的景或事，率直叙写出来，则情与理自寓其中。主要的在诗的语言上必须锤炼得妙，要唤得醒，点得透。毛泽东此词，上阕，"军阀重开战"，一个"重"字，不只道破了新军阀的本质，而且说明了混战的频繁，也说明了人民受害的深重。"洒向人间都是怨"，一个"洒"字，不只上承"风云"，造诣精警而新奇，而且反映了祸乱的广泛，也反映了人民怨恨的普遍。"一枕黄粱再现"，则是借用了一个典故对军阀混战所作的形象的认识与评价，这种认识是深刻的，这种评价是决绝的，在使典用事上却不落陈套，赋予了全新的内容。四句都是平平道出，并无特别着力处，却把对敌人的憎恶充分表达了出来。下阕，"红旗跃过汀江"，破空而来，极有声势，仿佛是在沉沉的阴霾中射出耀眼的金光。这里，"红旗"鲜明的色彩，"跃"字旺盛的精神，是极富感染力的。试设想如果改做"红军渡过汀江"，便平淡而枯槁了。"直下龙岩上杭"，紧承上句，写天兵东征，迭克名城，势如破竹。句拗气盛，语势流走，"直"字酣畅饱满，有力如虎。"收拾金瓯一片"，说破碎山河，要一片片重新整顿，收复完整。这里，"金瓯"缀以"一片"二字，便赋予了新义，冠以"收拾"二字，更表现出豪情。"分田分地真忙"，正是"收拾"的具体说明，并活画出一片欢欣活跃的景象，而且暗示出翻身农民的高涨情绪。这四句看似平易，却隐隐透露出伟大领袖对闽西解放的高度喜悦，这是对祖国的热爱和对革命的赞美。综合上下两阕，并没有着力描绘，只不过如实叙写，却取得了深刻的抒情效果。不求精工，而自然精工，这是需要我们细加体会的。

采桑子·重阳

1929 年秋

人生易老天难老，岁岁重阳。今又重阳，战地黄花分外香。

一年一度秋风劲，不似春光，胜似春光，寥廓江天万里霜。

注　释

此词最早发表于《人民文学》1962 年 5 月号。

重阳：阴历九月九日，又叫重九，因九为阳数，故名重阳。现为我国
传统节日。古代在这一天有登高的风俗。

寥廓：高远空旷。

时代背景

此词作于 1929 年重阳节，为当年公历 10 月 11 日。当时毛泽东正在闽西，这由前首《清平乐》及次首《如梦令》两词所叙述的地理环境可以推知。内容描写重阳节的战地风光，借景抒情，表现战争胜利后的喜悦和对革命前途的乐观，是富有深刻的哲理意蕴的。

赏　析

此词一方面描写秋天秋意浓浓的景色，抒发诗人岁月易逝、革命尚未成功的慷慨悲凉之感，另一方面又体现了作者革命的乐观主义精神，其革命意志未消沉，"一年一度秋风劲"，秋风劲，让我们看到了腐朽势力将如秋风扫落叶一般被驱赶下历史舞台，从秋意里已能感觉出春意。

如梦令·元旦

1930 年 1 月

　　宁化、清流、归化，路隘林深苔滑。今日向何方，直指武夷山下。山下山下，风展红旗如画。

注　释

　　此词最早发表于《诗刊》1957 年 1 月号。

　　宁化：为福建省三明市辖的一个县，位于福建省西部，武夷山东麓，是福建通往江西的一大要冲。

　　清流：为福建省三明市下辖的一个县，位于福建省西北部，武夷山脉中段东南侧、九龙溪上游。

　　归化：1470 年至 1933 年间福建省存在的一个县，今明溪县的旧县名。

　　隘：险要的通道。

　　武夷山：位于福建与江西之间的界山。

时代背景

　　1929 年红军曾三次入闽。在第三次入闽后，于 12 月间在上杭的古田镇召开了红军第四军第九次党的代表大会，这就是历史上有名的古田会议。毛泽东为这次会议写了《关于纠正党内的错误思想》的决议，作了中国人民军队建设经验的总结，使红军成为真正的人民军队。在会议进行期间，蒋介石组织了"三省会剿"，纠集江西的金汉鼎、福建的刘和鼎、广东的陈维远等部向闽西苏区进逼。当时，福建的敌人占领了龙岩城，先头部队进抵小池，离古田只 30 里；广东的敌人进到武平、永定县城；江西的敌人也占领了长汀城。为了粉碎敌人的"围剿"，会议刚结束，党就决定把部队开到敌人后面去，转移敌人的目标。于是，红四军的四个纵队从古田出发，向北经连城、清流、归化、宁化，西越武夷山，去江西开展游击战争。在行军途中，恰值新年。此词题标《元旦》，说明正是在这时写的。三战闽西，都取得辉煌胜利；古田会议，更收获巨大成果；眼前又成功地作了战略转移，使敌人喧嚣一时的"三省会剿"归于失败。军事政治双丰收，军心士气齐欢畅。这就是此词写作的背景（参阅邓子恢、张鼎丞《闽西暴动与红十二军》，见《星火燎原》第一集第 397 页）。

赏　析

　　全词 6 句 33 字，是一首小令，单调。一二两句写行军途中的经历和情况，是"元旦"以前的事，三四两句指明"今日"行军方向，五六两句写到达目的地，都是"元旦"的事。篇幅虽短，部署井然，极有层次。

22

通读全词，不但诗意葱茏，诗情酣畅，而且有绘画美，像一幅鲜明的行军图；有音乐美，像一支雄壮的进行曲。单调小令，竟有这等容量，这般气势，而又平平道出，一似毫无用力，便一挥成风景，全无斧凿痕，实在是第一等真诗，第一等好诗。大气磅礴，结构严谨，气韵生动，意境深邃，非大胸襟大手笔，何至臻此也？非有深刻的具体感受，巨大的革命热情，又怎能如此自然浑成？

《如梦令·元旦》不是在论证革命的正义性，不是在分析胜利的必然性，不是在研究战略战术，而只是在表达行军途中的具体的切身感受。它不是抽象的推理，而是具体的描绘。在这里，感情是主要内容，想象与联想起了主要作用。感情总是直接联系着感性，并且升腾起想象的翅膀，搭起联想的桥索。"宁化、清流、归化，路隘林深苔滑"，只是在叙事，而情意却是多么浓郁啊！"山下山下，风展红旗如画"，只是在写景，却借助联想引人进入想象的画境中。

减字木兰花·广昌路上

1930 年 2 月

漫天皆白，雪里行军情更迫。头上高山，风卷红旗过大关。

此行何去？赣江风雪迷漫处。命令昨颁，十万工农下吉安。

注　释

这首词最早发表于《人民文学》1962 年 5 月号。

减字木兰花：由《木兰花令》减字变韵而成。

广昌：江西南丰县南，汝水上游西北岸。

赣江：长江的第 7 大支流，南北纵贯江西省，在赣州由章江、贡水汇合而成，是江西省最大的河流。

吉安：江西中部城市。

时代背景

这首词是写雪里行军的，作于1930年2月红军越过武夷山，进入赣南，经广昌进军攻打吉安时。郭沫若《喜读毛主席的词六首》中说："红军攻打吉安，在1930年一共有九次之多。第一次在2月，第二次在4月初旬，第三次在4月下旬，第四次在5月。第五次在6月，第六、七两次是在6、7月间，第八次是在8月下旬，第九次是在9、10月间。就只有第一次是在冬末，可以下大雪，其余的八次都不可能下雪。故可以推定：这首《减字木兰花》是作于1930年2月。"又说："参加第一次战役的有红四军和红六军，红军于2月5日到达赣南后，连克雩都、宁都和永丰。2月24日上午10时，在吉安东南不很远的水南，红军与敌军唐云山旅接触，半小时结束战斗。缴获颇多，残敌逃窜。这首词是行军途中作的，当作于2月24日以前。"郭老的考订很为细密，关于写作时间，已为1963年版《毛主席诗词》作者自标年月所印证，其中所述行军及战斗情况，对我们理解词旨也极有帮助。

赏　析

郭沫若曾说："这首词是一幅雄壮的雪里行军图。漫天风雪中，红旗在翻舞，人马在飞腾，山岳在动摇。"（见《喜读毛主席的词六首》）上阕写行军途中所见，下阕写行军目标所向。这次行军，和《如梦令》有所不同：《元旦》词写的是突围，是战略转移；《广昌路上》词写的是进攻，是"争取江西的计划"的有机组成部分。前者是"路隘林深苔滑"，是隐蔽急行军；后者是"雪里行军情更迫"，是冒雪挺进。细加品味，气韵各殊。"今日向何方？直指武夷山下"，是武夷山已在望中。"此行何去？赣江风雪迷漫处"，是赣江犹处苍茫中。"山下山下，风展红旗如画"，含蓄蕴藉，流露出流连赞赏的意态。"头上高山，风卷红旗过大关"，雄放豪迈，表现着一往无前的气概。凡此一切，都是这两首词的不同之处。至"命令昨颁，十万工农下吉安"，则由蕴藏不露，一语道破，点明进军目标，这也是《如梦令·元旦》词所没有的。

晚清著名词人和词学家况周颐在《蕙风词话》中写道："近人作词，起处多用景语虚引，往往第二韵方约略到题，此非法也。起处不宜泛写景，宜实不宜虚，便当笼罩全阕，它题便挪移不得。"这是有道理的。词多短章，语言最贵节约，不可虚掷浪费。毛泽东此词，起句虽作景语，但非泛写，"漫天皆白，雪里行军情更迫"，便已笼罩全阕，挪移不得。于此漫不经意处，最见功力。

张涤华《毛主席诗词小笺》中说："前人论词，认为起结最难，而结又难于起。毛主席的词，结束处无一不佳，而又各有胜处。大概说来，有的飘逸流丽，如'曾记否，到中流击水，浪遏飞舟'（《沁园春·长沙》），'今日长缨在手，何时缚住苍龙'（《清平乐·六盘山》）；有的含蓄蕴藉，如'把酒酹滔滔，心潮逐浪高'（《菩萨蛮·黄鹤楼》），'山下山下，风展红旗如画'（《如梦令·元旦》）；有的兴会飙举，如'战士指看南粤，更加郁郁葱葱'（《清平乐·会昌》），'收拾金瓯一片，分田分地真忙'（《清平乐·蒋桂战争》）；有的奇崛雄浑，如'惊回首，离天三尺三'（《十六字令三首》），'奔腾急，万马战犹酣'（《三十字令三首》），'天欲堕，赖以拄其间'（《三十字令三首》）；有的雄放豪迈，如'太平世界，寰球同此凉热'（《念奴娇·昆仑》），'俱往矣，数风流人物，还看今朝'（《沁园春·雪》），'狂飙为我从天落'（《蝶恋花》）；有的感慨淋漓，如'神女应无恙，当惊世界殊'（《水调歌头·游泳》），'萧瑟秋风今又是，换了人间'（《浪淘沙·北戴河》）；有的清新绵邈，如'苍山如海，残阳如血'（《忆秦娥·娄山关》），'寥廓江天万里霜'《采桑子·重阳》）。这里只是举例，并没有把毛泽东词的结句全数列举出来（各类之间的界限也不是很严格的），但即以上举的这些而论，也就可以看出结得不拘一格，而无不工妙。'十万工农下吉安'，也是雄放豪迈一格，但与'太平世界'等句又不同。这种细微的区别，读者可以自去领会，这里用不着再多所疏说了。"所谓雄放豪迈，也便是豪放。豪放者，器大声闳，志高意远之谓，司空图《诗品》曲尽形容说："观花匪禁，吞吐大荒，由道返气，处得以狂。天风浪浪，海山苍苍，真力弥满，万象在旁。前招三辰，后引凤凰，晓策六鳌，濯足扶桑。"这些都是古人关于豪放的意象，总沾染着一层佛光仙气，缺少从生活斗争中激发出来的现实感，不足以表现毛泽东词的豪放精神，不过我们读了它，似乎也可以得到某些启发。至于同属豪放，所引例句又各有不同，这种细微的区别到底何在呢？的确这是难于疏说的，一落言传，便失胶着。强作甚解，似乎可以这样分说：《蝶恋花》豪放而劲健，《沁园春》豪放而英爽，《念奴娇》豪放而雄浑。至于"十万工农下吉安"，则是豪放而自然。其语言特色不是工丽，不是清奇，而是朴素精练，纯以白描手法，表现宏伟气概。这里写的是"工农"，是"十万工农"，是"十万工农下吉安"。以"工农"入词，大约还是"横绝六合，扫空万古，自有苍生以来所无"。

蝶恋花·从汀州向长沙

1930 年 7 月

六月天兵征腐恶，万丈长缨要把鲲鹏缚。赣水那边红一角，偏师借重黄公略。

百万工农齐踊跃，席卷江西直捣湘和鄂。国际悲歌歌一曲，狂飙为我从天落。

注 释

这首词最早发表于《人民文学》1962 年 5 月号。

蝶恋花：词牌名。原唐教坊曲，本名《鹊踏枝》，宋晏殊词改今名，取自梁简文帝诗句"翻阶蛱蝶恋花情"。

汀州：古指八闽最西端的州郡——汀州，今指福建最西边的地市——

龙岩市。

鲲鹏：来自庄子的《逍遥游》："北冥有鱼，其名曰鲲，鲲之大，不知其几千里也；化而为鸟，其名为鹏，鹏之背，不知其几千里也，怒而飞，其翼若垂天之云。"其精于变化，通灵万物，助天帝澄清玉宇，受敕封为九天鲲鹏。

黄公略：中国共产党早期领导人之一。1928 年 7 月，黄公略与彭德怀一起领导平江起义，成立了中国工农红军第五军。1930 年 7 月，毛泽东率领红四军、红十二军同红三军会合，成立中国工农红军第一军团，黄公略所部直接接受中央指挥。1931 年，蒋介石亲自督阵，带领 30 万大军，向中央苏区发动了第三次"围剿"，黄公略在此次战役中不幸牺牲。

狂飙：急骤的暴风。唐朝李商隐《深宫》诗："狂飙不惜萝阴薄，清露偏知桂叶浓。"

时代背景

1929 年 4 月，前委曾向中央提出"一年争取江西的计划"。后来毛泽东于 1930 年 1 月 5 日所写《星星之火，可以燎原》一文中指出说：这个争取江西的计划，不对的只是不该规定一年为期，至于江西的主观客观条件，提出这个计划的理由还是正确的。果然，1930 年 4 月，蒋介石和冯玉祥、阎锡山之间又爆发了第二次战争，国内形势有利于革命；于是当时的党中央就决定向江西进军，并以南昌为主要目标。6 月 22 日，红军第一军团奉命率所属红四军和红十二军由闽西入赣，先在会昌集中。7 月 11 日，由兴国进攻樟树。7 月 20 日，又由永丰向麦斜集中。这是进攻南昌的主力。黄公略烈士时任红三军军长，也奉命率部由湘赣接壤处的根据地东进，作为进攻南昌的右路军。两军在永丰会师。7 月下旬，进抵南昌城外的牛行车站。其时红军第三军团攻入湖南省会长沙，不久退出。为了增援第三军团，第一军团改变计划，由南昌赶往湖南。8 月，两个军团在浏阳会师，成立了中国工农红军第一方面军（毛泽东任总政治委员，朱德任总司令），准备再攻长沙。但因敌人兵力业已加强，乃撤离湖南，转入江西，攻入吉安，在赣江两岸几十个县的境内更加深入地发动土地革命。此词标题《从汀州向长沙》正是写由闽西出发，进攻南昌，又转长沙途中。时在 7 月底。

赏　析

一首中调，仅仅 60 个字，概述了一个多月的征程：发自闽西，跃过汀江，席卷全赣，直捣湘鄂。健笔豪情，意气纵横。《蝶恋花》历来多用以写别绪离愁，咏风月杨柳。毛泽东此词，气象如此宏大，意境如此雄伟，可算是绝无仅有的了。

上阕，"六月天兵征腐恶"，开门见山，蓦然飞峙。于己则特书"天兵"，堂堂正正，威风震慑；于敌则斥作"腐恶"，肮肮脏脏，丑类可鄙。

下阕，"百万工农齐踊跃"，绾合主力与偏师，也包括响应红军、支援红军的广大劳动人民。"齐踊跃"，活画出士气昂扬、群情振奋的热烈场面。统读上下阕，用字造句都很自然，很朴素，却又极浓烈，极秀拔。清人许印芳《与李生论诗书跋》说："功候深时，精义内含，淡语亦浓，宝光外溢，朴语亦华。"这是诗文创作的极致。此词实足以当之。刘勰《文心雕龙·隐秀篇》说："文之英蕤，有秀有隐。隐也者，文外之重旨者也。秀也者，篇中之独拔者也。隐以复意为工，秀以卓绝为巧。"张戒《岁寒堂诗话》转引刘勰语说："情在词外曰隐，状溢目前曰秀。"毛泽东此词，主要特点是秀，结语处则又似隐，可以称得起兼有隐秀之长。

跟着 毛泽东 学诗词

渔家傲·反第一次大"围剿"

1931 年春

万木霜天红烂漫，天兵怒气冲霄汉。雾满龙冈千嶂暗，齐声唤，前头捉了张辉瓒。

二十万军重入赣，风烟滚滚来天半。唤起工农千百万，同心干，不周山下红旗乱。

注　释

此词最早发表于《人民文学》1962 年 5 月号。

渔家傲：词牌名，本于晏殊词："神仙一曲渔家傲。"

第一次大"围剿"：1930 年蒋介石在结束与冯玉祥、阎锡山的战争后，进攻赣南、闽西的中共中央根据地。

张辉瓒：国民党第十八师师长，"围剿"军前敌总指挥。

不周山下：〔作者原注〕关于共工头触不周山的故事：

《淮南子·天文训》："昔者共工与颛顼争为帝，怒而触不周之山，天柱折，地维绝。天倾西北，故日月星辰移焉；地不满东南，故水潦尘埃归焉。"《国语·周语下》："昔共工弃此道也，虞于湛乐，淫失其身，欲壅防百川，堕高堙庳，以害天下。皇天弗福，庶民弗助，祸乱并兴，共工用灭。"（韦昭注："贾侍中〔按指后汉贾逵〕云：共工，诸侯，炎帝之后，姜姓也。颛顼氏衰，共工氏侵陵诸侯，与高辛氏争而王也。"）

《史记》司马贞补《三皇本纪》："当其（按指女娲）末年也，诸侯有共工氏，任智刑以强，霸而不王，以水乘木，乃与祝融战，不胜而怒，乃头触不周山崩，天柱折，地维缺。"

诗人按：诸说不同。我取《淮南子·天文训》，共工是胜利的英雄。你看，"怒而触不周之山，天柱折，地维绝。天倾西北，故日月星辰移焉；地不满西南，故水潦尘埃归焉。"他死了没有？没有说。看来是没有死，共工确实是胜利了。

时代背景

这首词写反第一次大"围剿"，作于1931年春。据毛泽东《中国革命战争的战略问题》一文及其他文献记述，当时情况大致是这样：1930年初，革命形势有了很大发展，党在赣、闽、湘、鄂、皖、豫、粤等省已经建立了许多大小不一的革命根据地，全国红军总数达到6万人，稍后又扩充到10万人。蒋介石大起恐慌，于是在结束了与冯玉祥、阎锡山的第二次战争后，即纠集了10万兵力，以当时的江西省主席鲁涤平为总司令，师长张辉瓒为前敌总指挥，从江西吉安延至福建建宁一线，分8个纵队，由北而南，进犯建立在赣南、闽西的中央根据地。这就是所谓第一次大"围剿"。其时，中央红军不足4万人，集中于江西宁都县的黄陂小布地区。

敌军的部署，则以罗霖师防卫吉安，在赣江之西；公秉藩、张辉瓒、谭道源三师进占吉安东南，广昌宁都西北的富田、东固、龙冈、源头一带；毛炳文、许克祥两师进至广昌、宁都之间的头陂、洛口、东韶一带；刘和鼎师在建宁策应。其中张谭两师是鲁涤平的嫡系部队，是"围剿"的主力军，共约1.4万人。张师主力在龙冈，谭师主力在源头。龙冈与红军集中地接近，人民条件好，且有优良阵地。于是红军就决定打，而且打着了张辉瓒的主力两个旅和一个师部，连师长在内9000人全部俘获，不漏一人一马。旋又攻谭道源部，歼其一半。5天内（由1930年12月27日到1931年1月1日）打了两个大胜仗。余敌闻风逃窜，第一次反"围剿"胜利结束。但蒋介石并不死心，在失败之后，接着就又发动了第二次"围剿"，以其嫡系何应钦为总司令，统率蔡廷锴、孙连仲、朱绍良、王金钰等部，总兵力20万人，从2月开始准备，到5月部署完竣。时红军兵力3万余，虽较上次反"围剿"略少，然而经过几个月的养精蓄锐，士气旺盛。这次反"围剿"，从5月16日开始，到30日结束，又取得了巨大胜利。这首词的收尾还未说到战斗的结束，与另一首《渔家傲·反第二次大"围剿"》对看，知是第一次反"围剿"胜利之后，第二次反"围剿"正式展开之前写的，大约成于1931年3、4月间。

赏　析

上阕写粉碎第一次"围剿"，下阕写准备展开第二次反"围剿"斗争。"二十万军重入赣，风烟滚滚来天半"二句是实写，"唤起工农千百万，同心干，不周山下红旗乱"三句是虚写。如同说，刚被赶跑的敌人又风烟滚滚铺天盖地而来了，要唤起千百万工农，同心协力，大干一场，闹它个"不周山下红旗乱"！这是满怀信心的展望，洋溢着充沛的革命乐观主义精神。

在这里，只谈谈"不周山下红旗乱"。显然，诗人于此，是借共工的形象以状今天的伟大的革命家，诗人把共工看做翻天覆地并且取得了胜利的英雄。这样用典，确实是创造性的，使这个古老的神话传说获得了新的生命力。

郭老在《女神之再生》的诗篇中，鲁迅先生在《补天》的小说中，只是在神话故事的原来传说意义下使用这个典故，所以写共工死了，共工失败了。毛泽东此词，发展了这一神话，赋予"共工怒触不周山"以"孙悟空大闹天宫"的意义。在文艺创作中，死典活用，推陈出新，这的确是个光辉的范例，启人深省。

古人把大水灾称作洪水，也是由"共水"这一名称而来。共工氏族与颛顼氏族既为近邻，免不了有所争夺。这就是古代神话传说的历史影子。但到后代，却把颛顼氏当作正统，尊之为帝，于是共工氏就降为"争为帝"的霸道了。因此，赋予共工以反抗的革命的性格的，并非毛泽东的臆断，实起于历代贵族王朝的统治者。正是这神话般的革命斗争给这古老的神话平添了辉煌的异彩。也只有指引着当代千百万工农大众在怒触三座大不周山的英雄，才能有这样巨大的功力，才能使不周山下飞飘起火焰般的红旗。如果脱离斗争实践，如果不是以火和笔镌刻历史容颜的巨人，古往今来的任何诗人是难于生发出这等革命浪漫主义奇想的。这确乎是像郭老说的："就好像在中国的神话世界当中高擎起一只火炬。"也只有在这个意义上说，它确乎是"在神话传说的研究、古代史的研究中，指出一个明确的方向"。

渔家傲·反第二次大"围剿"

1931 年春

白云山头云欲立，白云山下呼声急，枯木朽株齐努力。枪林逼，飞将军自重霄入。

七百里驱十五日，赣水苍茫闽山碧，横扫千军如卷席。有人泣，为营步步嗟何及！

注 释

此词最早发表于《人民文学》1962 年 5 月号。

第二次大"围剿"：1931 年 5 月 10 日至 5 月 30 日。何应钦为总司令，总兵力 20 万。

白云山：在江西吉安、东固。

飞将军：指西汉著名将军李广。《史记·李将军列传》："广居右北平，匈奴闻之，号曰汉之飞将军。"

重霄：指极高的天空。古代传说天有九重。又叫九重霄。

闽山：在今福建省闽侯县右三坊之光禄坊。唐天宝八载，勅赐乌石山为闽山，因名。

为营步步：蒋介石在第二次大"围剿"中采用"稳扎稳打，步步为营"的方法。

时代背景

这首词写第二次反"围剿"，作于战役结束以后，时在1931年6月间。我们在上一首《渔家傲》的题解中已经提到，第一次"围剿"失败以后，蒋介石死不甘心，又于1931年春发动了第二次"围剿"。这一次，蒋介石调集了兵力20万，以何应钦为总司令，驻南昌指挥进攻。参与进攻的有蔡廷锴的第十九路军、孙连仲的第二十六路军、朱绍良的第八路军和王金钰的第五路军等，全部都不是蒋的嫡系部队。其中蔡、孙、朱三部实力较强；当时敌军鉴于第一次张辉瓒、谭道源冒进深入的失败，便采取了"稳扎稳打，步步为营"的办法，从江西吉安到福建建宁，筑成一道800里的战线，向中央苏区进犯。红军兵力3万多人，仍然采取集中兵力、各个击破的方针，于5月16日首先攻击驻在吉安附近而实力较弱的王金钰部，一举歼灭了王金钰和公秉藩两个师，然后回师东向，一直打到江西与福建的边境。战役于5月30日胜利结束。这首词先写第二次反"围剿"战役将近结束时的白云山战斗，然后倒笔追叙战役的整个过程。词的上下两阕，就是根据这样的布置来写的。

赏　析

这首《渔家傲》与上一首词调相同，所描写的战役，时间亦相衔接。取来合读，第一、第二两次反"围剿"战役的情况就生动、形象地映现在我们面前了。

依《词谱》,《渔家傲》为双调,62 字。前后段各 5 句,五仄韵。毛泽东这两首《渔家傲》都合谱,而标点微有不同。前一首上下片均断在第二句,后一首上下阕均断在第三句。这是由词句的内涵所决定的。以前一首为常。而后一首,上阕:"白云山下呼声急,枯木朽株齐努力",均指敌人;下阕前三句,均指红军。故不能从中截断。由此足证:毛泽东填词,固极讲究格律,但不为词谱所限。他于《在延安文艺座谈会上的讲话》中曾说过:"对于过去时代的文学形式。我们也不拒绝利用,但这些旧形式到了我们手里,给了改造,加进了新内容,也就变成革命的为人民服务的东西了。"正是这番意思。

菩萨蛮·大柏地

1933 年夏

赤橙黄绿青蓝紫，谁持彩练当空舞？雨后复斜阳，关山阵阵苍。

当年鏖战急，弹洞前村壁。装点此关山，今朝更好看。

注　释

这首词最早发表于《诗刊》1957 年 1 月号。

大柏地：地名，在江西瑞金北 60 里。

鏖（áo）战：激烈的战斗。

洞：射穿，这里作动词。

时代背景

1929 年 1 月中旬,毛泽东和朱德率领红四军由井冈山向赣南闽西进军。2 月 10 日到达大柏地,大败尾追的国民党赣军独立第七师刘士毅部,俘敌团长肖致平、钟桓以下 800 余人,缴获大批武器,这就是有名的"大柏地战斗"。词中"当年鏖战急",即指这一战斗而言。根据历史记载,自这次战斗以后,革命形势日益发展,红色区域日益巩固。1930 年底到 1931 年夏接连粉碎了第一、第二两次"围剿",旋于这年秋又粉碎了第三次"围剿"。第三次"围剿",于 1931 年 7 月发动,蒋介石自任总司令,动员兵力 30 万,并随带美日德军事顾问,分三路进犯。红军三战皆捷,缴枪逾万,军威大振。1931 年 11 月,中央工农民主政府便在瑞金成立。12 月进攻红军的国民党第二十六路军 1 万余人在赵博生、董振堂同志领导下,在江西宁都起义,加入了红军。1932 年 6 月到 1933 年 2 月这一期间,又击溃了蒋介石匪军的第四次"围剿"。此词当作于第四次反"围剿"胜利后行军途中重过大柏地时。

赏　析

词以自然景色的描写开头:"赤橙黄绿青蓝紫",第一句只用了七种颜色来描绘天虹,这是词曲中的所谓"独词句",鲜艳夺目的色彩呈现在读者的眼前。更妙的是,第二句紧承以"谁持彩练当空舞",一个"舞"字把静态的彩虹写活了,使人顿觉妙舞翩翩,光彩夺目。诗人想象力之丰富,实在是惊人的。关山经过新雨,分外青翠,而天空云影飞驰,阳光掩映,时隐时现,闪烁不定。"雨后复斜阳,关山阵阵苍。"又是静中有动,精练细腻,真是入神之笔。古人说诗中有画,像此诗所写的,已不是一般画笔所能描绘,只有五彩电影方能表现它。

继而由写景转入叙事:回忆当年,正是在这宁静优美的地方,曾经展开过一场动魄惊心的战斗。前村壁上残留的弹痕,就是历史的见证。它说明了今天巩固的根据地及其和平景象不是轻易得来的,而是经过艰苦斗争从激烈炮火中夺取来的。想到这些,自然便感到被这累累弹洞装点起来的关山，今天更格外好看了。一个"更"字，充分表现了伟大领袖对革命事业的乐观和对革命根据地的热爱。这同"战地黄花分外香"，正是同一意境。"更好看""分外香"，实在是异曲同工。一种看似平静却又激动的心境，一种愉快而又昂扬着战斗意志的情绪，从字里行间迸发出来。

词只 8 句 44 字，却写出特定时间与特定地点的景物、经历以及作者的感受。有写景、有叙事，而写景叙事又都是抒情，情景交融，形象生动，给人以极大的美感享受。这首词是把革命斗争和自然景色融成一片的美好颂词。

清平乐·会昌

1934 年夏

东方欲晓，莫道君行早。踏遍青山人未老，风景这边独好。

会昌城外高峰，颠连直接东溟。战士指看南粤，更加郁郁葱葱。

注　释

清平乐：词牌名，又名《清平乐令》《醉东风》《忆萝月》，为宋词常用词牌。

会昌：县名，在江西省南部，东接福建，南连广东。1930 年 1 月红四军从闽西转入江西南部会昌县，开辟赣南根据地。

东溟：东海。

郁郁葱葱：指树木苍翠茂密，景色浓郁。《后汉书·光武帝纪》："气佳哉，郁郁葱葱然！"

时代背景

此词作于 1934 年夏，时在第五次反"围剿"战役进行期间。蒋介石发动第五次"围剿"，是在 1933 年 10 月，动员兵力 100 万，并以半数进攻中央红军。毛泽东曾总结这次"围剿"与反"围剿"战争说："第五次'围剿'，敌以堡垒主义的新战略前进，首先占领了黎川。我却企图恢复黎川，御敌于根据地之外，去打黎川以北敌之巩固阵地兼是白区之硝石。一战不胜，又打其东南之资溪桥，也是敌之巩固阵地和白区，又不胜。尔后辗转寻战于敌之主力和堡垒之间，完全陷入被动地位。终第五次反'围剿'战争一年之久，绝无自主活跃之概。最后不得不退出江西根据地。"（《中国革命战争的战略问题》）在这次反"围剿"斗争中，红军因为实行了由临时中央召集的六届四中全会所确立了的、五中全会所发展了的第三次"左"倾路线完全错误的单纯防御的军事路线和其他错误政策，没有能够击破敌人的围攻。1934 年 10 月，中央红军主力不得不退出江西根据地，开始长征。

1934 年夏，毛泽东在会昌，距离北部前线很远，未能参与反"围剿"主要战役的指挥。当时第三次"左"倾路线正发展到顶点，而"以毛泽东同志为代表的主张正确路线的同志们，是同这条'左'倾路线完全对立的。他们不赞成并要求纠正这条'左'倾路线，因而他们在各地的正确领导，也就被六届四中全会以来的中央及其所派去的组织或人员所推翻了。"（《关于若干历史问题的决议》）正是在这种困难和复杂的局面下，毛泽东写了这首词。它反映出无论处在怎样的逆境中，革命导师和伟大诗人总是从容不迫，抱定坚强的胜利信心，洋溢着乐观主义精神。

赏 析

毛泽东的诗，我们用"湖海荡波澜，全无斧凿痕"来比喻最确切不过了。这首《清平乐·会昌》词8句46字，写眼前景，叙当下事，构成一幅鲜明的图画。

上阕：东方欲晓，一钩残月，数点银星，红军战士已经整装出发了。诗人自己当然也处于其中，晓行夜宿，披星戴月。战士们为了革命事业，踏遍了青山万重，却不因风尘跋涉、鞍马劳顿而感到衰老："踏遍青山人未老"。红军战士个个神采奕奕，人人兴致勃勃，看到会昌的一川烟雨，千岩竞秀，都不禁大为赞赏："风景这边独好"。

下阕："会昌城外高峰，颠连直接东溟。"崇山峻岭，一峰接一峰，翻腾如龙蛇，蜿蜒入福建，直接东海，是如此雄伟壮丽！"战士指看南粤"，转身再向南边广东一看，那一抹远山，绵亘千里，重岩叠嶂，奔云涌雾，"更加郁郁葱葱"，战士们也更加高兴。

然而"景物无自生，唯情所化"，任何景物不能自成诗篇，必有一个情理作轴心。彼时彼地，诗人正处在逆境中：以毛泽东同志为代表的主张正确路线的同志们，虽然被六届四中全会以来的中央及其所派去的组织或人员所推翻了，而比起那些"正发展到顶点"的"左"倾路线分子，诗人无疑是早行者。但是，"莫道君行早"，因为"东方欲晓"，一轮红日行将喷薄而出，这是可以预见的。虽然"踏遍青山"，虽然经历了无数的艰难险阻，而伟大的红军战士包括诗人自己在内，却正以永葆青春的精神，坚信革命必胜的正确路线顽强奋斗着，诗人内心豪迈的气概亦喷薄而出。

第一编

十六字令三首

1934—1935 年

其一

山，快马加鞭未下鞍。惊回首，离天三尺三。

其二

山，倒海翻江卷巨澜。奔腾急，万马战犹酣。

其三

山，刺破青天锷未残。天欲堕，赖以拄其间。

注　释

三尺三：作者原注［湖南民谣］："上有骷髅山，下有八宝山，离天三尺三。人过要低头，马过要下鞍。"

锷：剑锋。

天欲坠：《淮南子·天文训》："昔者共工与颛顼争为帝，怒而触不周之山，天柱折，地维绝。"

拄（zhǔ）：同"主"，支撑。

时代背景

本词作于二万五千里长征途中。1934 年 12 月，中央红军进入贵州，一举攻克黎平，随后又大败黔军王家烈、侯之担等部，占领锦屏、剑河、台拱、镇远、施秉、黄平、余庆、瓮安等县城。其另一支部队则经过雷山。此词第一首注中所引民谣中的八宝山即在雷山县境。据此估计，第一首当作于初入黔时。而全词著录在《娄山关》词之后，则二三两首当作于 1935 年 2、3 月或再稍晚些。山，似是指横亘云贵高原的乌蒙山脉，包括苗岭大娄山等高山在内。词中所写景象与《娄山关》词所说"苍山如海"及旧志所谓"万峰插天，中通一线"，亦正吻合，是知这三首词，并非成于一时，并非指的一山，乃是从 1934 年底到 1935 年春，在长征途中吟成的。或曰：也可能是于 1934 年 12 月间在雷山写成第一首，意犹未尽，后来又补作第二三首，其素材，即自然景象仍是纵马山顶时"回首"所见。这样，就可以把三首连成一气读，更擅胜境。可备一说。

赏　析

《十六字令》是只有 16 个字的小令，篇幅短窄，很难装进许多内容，尤其是豪放之作，更不容易利用这一形式。此调古代作品流传至今者殊少，佳作更罕见。其中道理很简单，字数过少，没有回旋余地，虽有长才，也无所展施其技。然而，毛泽东这三首却是例外。它以雄伟简劲的笔触，描绘了莽莽群山的奇特形象，也表现了诗人和红军战士的伟大气魄。每一首各有独特的意境，合起来又构成一幅完整的雄伟画面，奇情壮采，词约义丰，真是自有《十六字令》以来所未有。毛泽东所写的长调，像《沁园春》《念奴娇》《水调歌头》等篇，都是气冲牛斗、力转乾坤之作。他写小令，到《十六字令》，可以说是最短的了，却也能藏大千于沙粒，纳须弥于芥子，以少许胜人多许。由此可见，才大的人无施不可，无攻不克，绝不是形式所能局限住的。

三首都是咏山。山，是毛泽东诗词涉及最多的素材，"登山则情满于山，观海则意溢于海。我才之多少，将与风云并驱矣。"(《文心雕龙·神思》)诗人的情意，诗人的想象，自然要同日常生活中所接触的具体事物密切结合。这就是为什么山的形象在毛泽东诗词中占着突出的地位。而突出中之最突出者，是这三首《十六字令》。因为它写的不是某一座具体的山，而是云贵高原的高山，气势磅礴，意象峥嵘。它把山的性格，集中地作了艺术概括，自具一种特色。

第一首，写山之高，写山的突兀。

纵马登山，马未停蹄，人未下鞍。一气上到山顶，回头一望：哎呀，危乎高哉！第一句，是一字句，只用一个"山"字，提起下文，极有精神。

第二首，写山之大，写山的峥嵘。首句仍用一个"山"字提起，然后写层峦叠嶂，连绵起伏，千山万壑，争趋竞走。

第三首，写山之坚，写山的峻峭。首句，再以一个"山"字提起，还是写眼前所见之山，又与第二首不同；前者是群山，此则为独峰。也许是不相连属的万峰，即是由独峰合成的万峰，着眼点仍在独峰。

这三首处处写山，也处处使我们想到长征中革命领袖和工农红军的伟大形象。第一首，写山之高；第二首，写山之大，用两个比喻把它写活了。而这种基于想象和联想所构成的巧妙的比喻，正因为它可以显示诗人的思想立场和感情倾向，所以才特别能够使诗篇增加光彩和生气，增加艺术感染力量。第三首，写山之坚，寓意更加明显。这个刺破青天的剑峰又是耸立山间的擎天柱，岂不正是中国共产党的象征，岂不正是伟大领袖的象征？

这三首词也可以说是咏物的词。第一流的咏物词总是既能尽题中精蕴，又能有题外远致。而这三首恰恰兼具二者，各到好处。小令如此，真可算得上古今绝唱了。

忆秦娥·娄山关

1935 年 2 月

西风烈，长空雁叫霜晨月。霜晨月，马蹄声碎，喇叭声咽。

雄关漫道真如铁，而今迈步从头越。从头越，苍山如海，残阳如血。

注　释

这首词最早发表于《诗刊》1957 年 1 月号。

忆秦娥：词牌名。李白诗云："秦娥梦断秦楼月。"

娄山关：位于遵义之北，从贵州入四川的要道，是红军长征途中遇到的著名天险之一。工农红军长征中，1935 年 1 月 4 日深夜占领遵义。

咽（yè）：指声音因哽咽而低沉，这里指清晨寒风中听到断断续续的军号声。

时代背景

1934 年 10 月，中央红军（第一方面军）从江西雩都附近铜锣渡出发，迈开了震惊中外的长征的第一步。之后，接连突破了敌人的四道封锁线，于 12 月进入贵州省境。1935 年 1 月 6 日克遵义，8 日克娄山关，这是第一次娄山关战斗。同时，在这一天召开了历史上有名的遵义会议，即党中央在贵州遵义举行的政治局扩大会议，改变了过去"左"倾机会主义的领导，建立了以毛泽东为首的新的中央的领导，从此确立了正确的政治路线与正确的军事路线，使中国革命走上胜利之路。遵义会议之后，经过短期休整，红军继续北上，1 月 19 日离开遵义。红军未经战斗越过娄山关，取道桐梓、松坎，向赤水挺进，计划是到达川南，与四方面军会合，然后再进行北伐。但这一计划未能实现，四方面军也被张国焘给带跑了。不得已，长征的计划临时作了改变。2 月 12 日，红军由云南扎西（威信）回师贵州，19 日返渡赤水，25 日重占桐梓。当日晚由北面进迫娄山关，这就是第二次娄山关战斗，这次战斗，打了两天：25 日黄昏，微雨阵阵，乍阴乍晴；直到 26 日拂晓，经过反复多次肉搏，红军击溃王家烈部四个团，再克娄山关。时大雾弥漫，山黑月小。毛泽东的《娄山关》词，即作于此时。当时，娄山关战斗是胜利了，但长征的战略任务受到挫折，毛泽东的心情不免有几分沉重。

赏 析

上阕写今晨，即 26 日拂晓，娄山关战斗已胜利结束；下阕写昨晚，即 25 日黄昏，娄山关战斗还没有打响。用的是倒叙法，没有正面描绘战争，只写了战后与战前的心情感受。

这首词悲壮苍凉，神情激越，在已发表的毛泽东诗词中，风格算是独异的。臧克家说："整首词的气氛是壮丽的，可是这壮丽也多少带一点凄清的意味。"（《〈娄山关〉讲解》）于此，我们应深一层看。词的题目是《娄山关》，娄山关是天险，是古战场，这次经过又在隆冬季节，因此，在景物的描写上，多少带点凄清意味，这是理所当然的。这是题材内容对艺术风格往往有所制约的反映。不过，"风格即人"，一首诗的风格，与诗人写作当时的心境有很大关系。这次娄山关战斗，是在红军由云南回师贵州、再克遵义途中打响的，战斗虽然胜利了，但会师北伐的战略计划却未能实现，彼时彼地，其情其境，身兼革命统帅职责的诗人不能不感到沉重。所以"马蹄声碎，喇叭声咽"，所以"苍山如海，残阳如血"。这正是"情动而言形，理发而文见"。凡是伟大的诗篇，都是在真知灼见基础上的真情实感的流露。但是，此词虽然风格独异而带一点凄清意味，却绝不给人以衰飒的感觉。这点凄清反而更能衬托出红军战士的英勇豪迈，更能显现出伟大诗人旺盛的革命乐观主义精神。

上阕写的是大军驰过娄山关的情景。起首二句，仅仅 10 个字，便写出西风凄紧，雁声嘹唳，霜华满地，残月在天，将特定时间、特定地点的那种紧张严肃的气氛生动地点染了出来。而这两句，还只是设色、只是烘托。迭唱过"霜晨月"以下二短句，在繁霜铺地的山道上，列队疾驰的战马发出了杂乱的蹄声；在昂首挺进的队伍中，军号吹奏着低沉而悲壮的音调。这就把急速坚毅地驰过娄山关的红军雄姿，有声有色地描绘了出来。听吧：风吹声、雁叫声、马蹄声、喇叭声。看吧：长空、浓霜、残月、雄壮的马队、闪亮的铜号。色彩多么鲜明，声音多么清亮！于此我们务必注意：当时是大军直指向遵义，是在急行军，这些都是在急行军中听到看到的。这是从动中写静，实在极有神理。如《诗经·小雅·车攻》所谓"萧萧马鸣，悠悠旆旌"。

下阕又倒转回去写大军正驰向娄山关的情景。径直指出："雄关漫道真如铁。"在这里，"雄关"之"雄"，多么峭拔；"漫道"之"漫"，多么飘逸；"真如铁"之"铁"，又是多么凝重。"雄关真如铁"，虽实非浪语，而在红军面前，只是"漫道"而已。且看"而今迈步从头越"，这是何等气魄！真是行神如空，行气如虹，又是多么豪放劲健。读到这里，直觉得红军战士前进的步伐，每一踏足都踩得山头在晃动。字里行间，不仅歌颂了红军的顽强意志，抒写出人民的胜利信心，而且对敌人的鄙夷与蔑视，也溢于言表。迭唱过"从头越"后两短句，写面向雄关，昂首遥望，无边青山，峰峦起伏，像大海的波涛一般；一轮落日，垂挂西天，发出鲜红的血般光芒。气象阔大而雄浑，神韵隽永而悠远。这正是视险如夷、无坚不摧的红军战士的心情。"苍山""残阳"，岂可等闲读作景物的描写？在这里明说的是要从头越过雄关。纵目所见，实际上暗中含蓄着要从头部署长征大计，以及放怀所想。这意蕴愈探便愈深，这味道愈品便愈浓，真是字简意浓，胜义无穷。读来感到不是苍凉，而是遒劲；不是凄清，而是豪健。甚或进一步确切地理解：正因苍凉，更觉遒劲，正因凄清，更觉豪健。这也就是说，这首具有独特风格的词同毛泽东全部诗词的风格还是统一的，同是伟大诗人的革命精神和博大胸怀的形象显现。1962 年毛泽东回忆了最后两句诗的产生缘由，他说：是在战争中积累了景物观察，一到娄山关，这种战争胜利和自然景物的突然遇合，就造成了自以为颇为成功的这两句话。

唐代诗人李白，相传也曾写过一首《忆秦娥》，其词云："箫声咽，秦娥梦断秦楼月。秦楼月，年年柳色，灞陵伤别。　乐游原上清秋节，咸阳古道音尘绝。音尘绝，西风残照，汉家陵阙。"此词宋黄升《花庵词选》首载之，邵博《闻见后录》也定为太白（李白，字太白）作；但《庄岳委谈》谓非出太白手，胡应麟《笔丛》亦云。其真赝姑无论，而自黄花庵誉之"为百代词曲之祖"，遂被后人推为千中数一的神品。王国维《人间词话》且谓："太白纯以气象胜。西风残照，汉家陵阙。寥寥八字，遂关千古登临之口。"其实，李词写的是闺情，不脱伤离念远的窠臼，境界甚小，就气象论，实在远远不能与毛泽东此词相比。

七律·长征

1935 年 10 月

红军不怕远征难，万水千山只等闲。

五岭逶迤腾细浪，乌蒙磅礴走泥丸。

金沙水拍云崖暖，大渡桥横铁索寒。

更喜岷山千里雪，三军过后尽开颜。

注 释

此诗最早发表于《诗刊》1957 年 1 月号。

长征：1934 年 10 月从江西、福建出发，于 1935 年 10 月到达陕北。行军二万五千里。

五岭：指大庾（yú）岭、骑田岭、都庞岭、萌渚岭、越城岭，横亘在江西、湖南、广东、广西之间。

走泥丸：比喻守险拒敌。陆游《书悲》诗："何当受诏出，函古封丸泥。"

铁索：大渡河上泸定桥是以铁索为主要承重构件的桥。

岷山：又称大雪山，在四川西北，海拔 5000 米以上。

时代背景

本篇所说的长征，指 1934 年 10 月到 1935 年 10 月间中国工农红军主力军团，即第一方面军从江西、福建根据地向陕北的进军。在这次长征中，第一方面军经过了福建、江西、广东、湖南、广西、贵州、四川、云南、西康、甘肃、陕西等 11 省，击溃了敌人的多次围追堵截，连续行军一万八千余里，克服了军事上、政治上和自然界的无数艰险，终于胜利到达目的地，与陕北红军会师。这一首《七律》便是这一伟大历史事件的艺术概括，是脍炙人口的壮丽史诗。

在长征途中，1935 年 9 月 18 日红军突破岷山天险腊子口，进入甘南，占岷州。10 月 2 日，占通渭。占通渭时，毛泽东曾为战士朗诵此诗（参看胡安吉《毛主席给我们朗诵诗》，载 1959 年 2 月号《解放军文艺》）。据此，此诗当作于 1935 年 10 月 1、2 日间。

关于工农红军长征的伟大历史意义，毛泽东在长征结束以后的一次报告中，曾给予极其崇高的评价，说得那么准确，那么有力，又那么感动人：长征是历史纪录上的第一次，长征是宣言书，长征是宣传队，长征是播种机，自从盘古开天地，三皇五帝到于今，历史上曾经有过我们这样的长征吗？十二个月光阴中间，天上每日几十架飞机侦察轰炸，地下几十万大军围追堵截，路上遇着了说不尽的艰难险阻，我们却开动了每人的两只脚，长驱二万余里，纵横十一个省。请问历史上曾有过我们这样的长征吗？没有，从来没有的。长征又是宣言书。它向全世界宣告，红军是英雄好汉，帝国主义者和他们的走狗蒋介石等辈则是完全无用的。长征宣告了帝国主义和蒋介石围追堵截的破产。长征又是宣传队。它向十一个省内大约两万万人民宣布，只有红军的道路，才是解放他们的道路。不因此一举，那么广大的民众怎会如此迅速地知道世界上还有红军这样一篇大道理呢？长征又是播种机。它散布了许多种子在十一个省内，发芽、长叶、开花、结果，将来是会有收获的。总而言之，长征是以我们胜利、敌人失败的结果而告结束。（《毛泽东选集》第1卷第150页，1991年6月第2版）

这首诗，正是这一大进军的光辉的写照和热情的颂歌，它集中地表现了红军的英雄豪迈的气概，同时也生动地描写了长征壮阔艰险的场面。它是一篇不朽的革命史诗，是革命浪漫主义和革命现实主义相结合的杰出典范。

赏　析

首联第一句："红军不怕远征难"，开宗明义就把全篇的中心思想鲜明地提示出来。不但开门见山，直截了当，而且笼罩下文，极有气势。第二句："万水千山只等闲"，便是具体的描绘了，表现出高度的自豪感。写红军的革命乐观主义的精神和革命浪漫主义的风格，是全篇的纲领。

颔联承"千山"。只点出五岭、乌蒙这些有代表性的难关，是以偏概全。现实生活是联想和想象的基地，优美精确的比喻，总是直接或间接从生活经验中挑选出来的，因而它必然显示着诗人的思想立场和感情倾向。

颈联承"万水"，只点出金沙、大渡这些有典型性的险要，水拍云崖，桥横铁索，都是纪实，并无夸张，这和上联的表现手法有所不同。"暖"和"寒"这一对反义词，是诗人精心设计的两个感情穴位。"暖"字温馨喜悦，表现的是战胜困难的欢快；"寒"字冷峻严酷，传递的是九死一生艰苦的回味。两个形容词是精神的巨变，又是感情的裂变，含不尽之意于其中，显无穷之趣于其外，起伏跌宕，张弛有致。巧渡金沙江，飞夺泸定桥，这是长征途中的两道险阻，一"暖"一"寒"，诗人在这里以如此巧妙、如此精练，又如此平易、如此深刻的语言把它刻画了出来，这色调和气氛同颔联是一致的、统一的，它是从"不怕难"与"只等闲"

一脉贯通下来的，并为尾联的"更喜"做好了语势。

尾联以越过岷山后的喜悦总结全诗，长征尚未结束，凯歌已经先奏。

综读全诗，四联八句：首以"不怕难"为纲，尾以"尽开颜"作结，颔颈分承"千山"与"万水"。衔接紧凑，结构严整，叙述的次序完全符合当时的真实情况，勾勒出一幅行军路线的示意图。平叙却不枯燥，精雕又不佻巧。语言跳跃，血脉动荡；逻辑明晰，首尾浑成；属对稳，遣事切；捶字老，结响高。神完气足，章法、句法、字法俱臻绝顶；风骨、情韵、色泽在七律中实独擅古今。当然，艺术源于生活，如果没有惊天动地的长征壮举，也不会产生震古烁今的《长征》诗篇。

念奴娇·昆仑

1935 年 10 月

　　横空出世，莽昆仑，阅尽人间春色。飞起玉龙三百万，搅得周天寒彻。夏日消溶，江河横溢，人或为鱼鳖。千秋功罪，谁人曾与评说？

　　而今我谓昆仑：不要这高，不要这多雪。安得倚天抽宝剑，把汝裁为三截？一截遗欧，一截赠美，一截还东国。太平世界，寰球同此凉热。

注　释

此词最早发表于《诗刊》1957 年 1 月号。

念奴娇：词牌名。念奴是唐朝天宝年间著名歌妓。

飞起玉龙三百万：作者原注：前人所谓"战罢玉龙三百万，败鳞残甲满天飞"，说的是飞雪，这里借用一句，说的是雪山。夏日登岷山远望，群山飞舞，一片皆白。老百姓说，当年孙行者过此，都是火焰山，就是他借了芭蕉扇扇灭了火，所以变白了。

昆仑：山名，在新疆于阗河上源，也指昆仑山脉，是我国最大的山脉，从帕米尔高原起，沿新疆、西藏边界向东伸入内地，又分北、中、南三支。此词所谓昆仑，实指岷山。

作者自注："昆仑：主题思想是反对帝国主义，不是别的。改一句：一截留中国，改为一截还东国。忘记了日本人是不对的。这样，英、美、日都涉及了。别的解释不合实际。"

鳖（biē）：甲鱼，又名团鱼。

倚天抽宝剑：倚天，形容宝剑长和带剑的人极高大。宋玉《大言赋》："方地为车，圆天为盖，长剑耿耿，倚天外。"李白《大猎赋》："于是擢倚天之剑。"

遗（wèi）：给予，馈赠。

时代背景

此词著录在《七律·长征》诗后，《清平乐·六盘山》词前。红军攻占六盘山在 1935 年 10 月 7 日。据此，此词当作于由通渭向六盘山进军途中。

赏　析

"昆仑"是个大题目，古来诗词，虽多涉及，但一般只是作为使典用事，视同神话传说，如"阆风之苑""昆仑之圃"之类。拿昆仑来作描写对象的，还是少见。李白《剑阁赋》《蜀道难》，写的仅是源自岷山，连同叠嶂的峨眉、剑阁，还不是昆仑本身。陶潜《读山海经》可以算作一首，但陶诗乃是在"泛览周王传，流观山海图"时的遐想，把"昆墟"作为西王母"馆宇非一山"之"一山"。可以说，以昆仑为题，加以正面描写，又写得异常出色的，毛泽东词还是独见。其气魄之大，笔力之雄，设想之奇，意境之高，也真是"横空出世"，前无古人。

开头四字，便突兀峥嵘，把昆仑山赫赫的气象和磅礴的声势既概括又形象地包举无遗。"横空"说大，"出世"说高。既已"横空出世"了，就很容易便同古来的神话传说衔接上：至县圃，留灵琐，济白水，登阆风，饮马咸池，总辔扶桑……"莽昆仑，阅尽人间春色"一句旋转乾坤，收回到"人间"来，昆仑原在"人间"，怎能放它逍遥出尘世？问题是这需要多大的功力啊！这是其一。"阅尽人间春色"，仅六个字，多么大的包容量。李白《塞下曲》："五月天山雪，无花只有寒。笛中闻折柳，春色未曾看。"只是说天山终年积雪，从未看见过春色。这里反用其意，说"阅尽"了"人间春色"，便不仅说的是春风杨柳，而且概指着人世沧桑。昆仑雄踞一方，不知已几千万年，它昂首天外，又俯瞰人间，不但占据空间的广大，还是经历时间的长久，这是可以想见的。对昆仑说来，既是写实，又是多么形象而深刻地揭示了其本质啊！这是其二。再次，"莽昆仑"的"莽"字，确实也用得精当。莽莽，状高大，正承上句。"飞起"二句，表现昆仑的另一特点：寒冷。再接"夏日"三句，仍有"莽"的余威，你看它每当积雪消融，便使贯穿全国的黄河长江洪水泛滥起来，以至殃及苍生，多么鲁莽、莽撞。这里实写"罪"，虚写"功"。昆仑是我们古老民族的发源地，是我们伟大祖国的摇篮，其"功"是史不绝书，有口皆碑的，所以虚写；至于"罪"，则是前人不曾提出，别人不曾想到的，所以实写。无论为"功"为"罪"，都是从国计民生方面着眼。这两句特别放在上片结束处以设问形式提出，是耐人咀嚼回味的。

　　而更博大的心胸，更奇特的想象，还在下阕。"而今"以下句子，竟然对昆仑讲起话来了。本来，同鸟虫风月对话，同松柏花草对话，把自然物人格化，使其具有灵性，在古典诗词中是并不罕见的；同山石结交，置腑倾谈，也是古今诗人常使用的手法。毛泽东此词，面对着昆仑山这样气象万千的宇宙奇观，站得高，看得远，想得多，那崇高的精神、伟大的抱负，"一截遗欧，一截赠美，一截还东国"。为什么要拿昆仑做礼物分赠欧美呢？要让"太平世界，寰球同此凉热"啊！多么宏伟的气魄，多么高旷的襟怀，多么豪迈的愿望！

或曰："昆仑不是咱祖国的象征吗？为什么拿它来送礼呢？又为什么要赠送给欧美帝国主义者呢？"答曰："你必须从这些传统的概念中解脱出来。"在这里，昆仑只是奇伟高寒的自然景象；在这里，欧美只是世界人民的代指语。让我们一同进入诗篇中去涵咏吧，让我们想象的翅膀追随着诗人的理想去翱翔吧。"四海之内皆兄弟也。""全世界无产者联合起来！"诗人梦寐以求的，是实现世界大同，让全人类都过上和平幸福的生活，是实现崇高远大的共产主义理想。

清平乐·六盘山

1935 年 10 月

天高云淡，望断南飞雁。不到长城非好汉，屈指行程二万。

六盘山上高峰，红旗漫卷西风。今日长缨在手，何时缚住苍龙？

注 释

此词最早发表于《诗刊》1957 年 1 月号。

六盘山：指六盘山脉，在甘肃、陕西和宁夏交界处。六盘山主峰，在固原县西南、隆德县东北，海拔 3500 米。山路曲折险窄，盘旋六道才达顶峰，故名。古谓之络盘道。自元代以来，常为用兵之地。

红旗：在《诗刊》创刊号上发表时作"旄头"，后改为"红旗"。

苍龙：《后汉书·张纯传》："苍龙甲寅"。注："苍龙，太岁也。"太岁为凶神恶煞，太岁在地上，与天上岁星相应。

作者自注：苍龙，蒋介石，不是日本人。因为当前全副精神要对付的是蒋不是日。

时代背景

1935 年 10 月 2 日，红军由通渭城北上，6 日越过平凉—固原大道，当日夜间又进入山区，把尾随追击的敌军甩掉。第二天，即 10 月 7 日，在山区青石嘴遇国民党东北军白凤翔部骑兵，一战胜之，俘虏敌军 400 余人，马 400 余匹。经宣传解释后，所俘敌军都加入了红军。在战争胜利的鼓舞下，一鼓作气，红军于当天下午攻占了六盘山，晚到山东脚下宿营。这一天行军 80 多里。

此词当作于攀登上达六盘山顶峰之时。六盘山的胜利，意味着长征途中最后一道天险的突破。词中就革命进军作了回顾与前瞻，这是极自然的情理。

赏　析

全词有情有景，情景交融。雄浑豪放，金声玉振，充分表现了坚定的革命意志和激昂的战斗精神，极富感染力。1961 年 10 月 8 日，《中国青年报》刊登了毛泽东为宁夏回族自治区所写的此词手稿，后附编者按语，说："词中充满着乐观主义情绪、远大的预见和坚强的自信。它是战斗前进的胜利鼓吹曲，是振奋人心、激扬斗志的宣言书。读了它，一种无坚不摧、奋发有为的意志不禁油然而生。"又说："当时的苍龙早已被我们缚住，帝国主义、封建主义、官僚资本主义在中国的反动统治早已被我们推翻。但是，对于崇高伟大的共产主义事业来说，这还只是万里长征的第一步。在我们前面，还有一层一层的六盘山等待着我们去攀登，还有大大小小的困难需要我们去征服。现在，重温毛泽东这首词，就好像面聆毛泽东的教导一样。毛泽东充满革命乐观主义的伟大豪语，依然像二十几年前一样激励着我们。"这些话说得非常好，非常中肯。不止《六盘山》，所有毛泽东诗词，都应当这样去读。

上阕开端，"天高云淡，望断南飞雁"两句，平开舒展，以寥寥九字，便为当时的六盘山勾勒出一幅清新的画面。不但有景，而且更有人在其中。北方的晴秋，金风送爽，碧空如洗；纤云点缀，愈见澄澈。"高"字、"淡"字，贴切之极。攀登高山，看到飞雁，不禁会引起许多联想，这些都于"望断"二字流露出来：雁南人北，"望断南飞雁"，代用唐王维《案荆州张丞相》诗："自尽南飞雁，何由案一言"，南方正是长征的来路。一路上牺牲的烈士，留下了殷殷血迹；羁留的战友，此时情况如何？还有远在江南继续打游击的同志，当年根据地的父老兄弟姊妹们，他们此时可听到红军已突破最后一道天险、胜利到达六盘山的消息？其时正是由于胜利后登高南望，缅怀故旧，而又云山苍茫，音讯杳然，所以才目送飞鸿，望得久，望得远。这中间含蓄着许多话语没有说，因此下文一转："不到长城非好汉"，把驰骋的想象猛然收转回来，才显得格外有力，把气势一下鼓到顶点。这正是长征好汉们深厚真挚的热情与卫国杀敌的决心，交相互映。"屈指"句也是上承"望断"而来，"望断"是望得远，多远呢？"屈指行程二万"，又是望得久，多久呢？"屈指——行程——二万"。

下阕换头"六盘山上高峰，红旗漫卷西风"两句，才点出本题，明写攀越情事，曼歌悠扬，声洪气畅。此与《清平乐·会昌》词极相似，但《会昌》词："会昌城外高峰，颠连直接东溟"，是就山连写下去；此词："六盘山上高峰，红旗漫卷西风"，是以特笔描写红旗。这是不同处。这里特别突出红旗，是具有丰富深刻意义的：红旗是革命的旗帜，是胜利的象征，它从井冈山一直打到六盘山。今天在六盘山的顶峰上红旗飘飘，卷舒自如迎着西风，这说明革命正在迅猛发展，这说明长征已取得了重大胜利。这也说明了伟大红军战士具有昂扬的革命乐观主义精神，即使经历千辛万苦，仍然胸怀坦荡，屹立不动，无限自豪。这一切都由一个"漫"字逗出。"红旗漫卷西风"，红旗随意地卷着西风，

于畅展悠舒中，又潇洒有情致。最后以问讯口气结束，似尽未尽："今
日长缨在手，何时缚住苍龙？"用南宋刘克庄《贺新郎》词："问长缨
何时入手，缚将戎主？"又把注意焦点引向远方，正面提出"缚苍龙"
的任务，暗应前文"不到长城非好汉"句意。以设问作结，表示红军战
士迫不及待、渴望杀敌的急切心情，在意蕴上，则推宕生姿，饶有余味。
平常所谓"言有尽而意无穷"，正是指这种手法。

沁园春·雪

1936 年 2 月

北国风光，千里冰封，万里雪飘。望长城内外，惟余莽莽；大河上下，顿失滔滔。山舞银蛇，原驰蜡象，欲与天公试比高。须晴日，看红装素裹，分外妖娆。

江山如此多娇，引无数英雄竞折腰。惜秦皇汉武，略输文采；唐宗宋祖，稍逊风骚。一代天骄，成吉思汗，只识弯弓射大雕。俱往矣，数风流人物，还看今朝。

注 释

惟余莽莽：只剩下白茫茫的一片。惟余，只剩。莽莽，这里是无边无际的意思。

大河上下：指黄河的上上下下。

顿失滔滔：指黄河因结冰而立刻失去了波涛滚滚的气势。

山舞银蛇,原驰蜡象:群山好像(一条条)银蛇在舞动,高原(上的丘陵)好像(许多)白象在奔跑。蜡象,白色的象。原,作者自注指秦晋高原。

天公:指"天"。

须:等到。

红装素裹:形容雪后天晴,红日和白雪交相辉映的壮丽景色。红装,原指妇女的艳装,这里指红日照耀着大地。素裹,原指妇女的淡妆,这里指白雪覆盖着大地。

妖娆:艳丽多姿。

折腰:鞠躬,倾倒。词中有称颂、赞美之意。

秦皇汉武:指秦始皇嬴政和汉武帝刘彻。

唐宗宋祖:指唐太宗李世民和宋太祖赵匡胤。

输、逊:都有差、失的意思。

风骚:原指《诗经》里的《国风》和《楚辞》里的《离骚》。词中概指广义的文化,包括政治、思想、文化在内。

一代天骄:指称雄一世的人物。天骄,"天之骄子"的省略语。汉朝人称匈奴单于为天之骄子,后来称历史上北方某些少数民族君主为天骄。

成吉思汗:元太祖铁木真。

弯弓:拉弓。

大雕:一种凶猛的鸟,飞得又高又快,不易射中。古人常用"射雕"来比喻善射。

俱往矣:都已经过去了。俱,都。

数:称得上。

风流人物:这里指能建功立业的英雄人物。

时代背景

中央红军从1934年10月到1935年10月整整一年中,经历了十一个省,走过终年积雪的雪山,越过人迹罕至的草地,粉碎了敌人的多次围攻堵截,打垮了国民党反动军队 410 个团和不计其数的地主武装，占领过 54 个城市，连续行军二万五千里，克服了军事上和自然界的无数艰险，胜利地到达陕北革命根据地，与陕北红军会合。之后，从 11 月起，粉碎了国民党军队对陕北革命根据地连续发动的三次"围剿"，大大巩固了陕北的革命根据地，有力地促进了全国抗日民主运动的新的高涨。

为了进行抗日，红军在 1936 年 2 月，渡河东征进入山西，取得了许多胜利，并准备开赴河北抗日前线。但这时蒋介石调动大军进入山西，协同阎锡山阻拦红军前进，同时命令东北军和西北军进攻陕北根据地。为了保存抗日实力，争取停止内战，一致抗日，红军于 5 月间回师河西，同时发出"停战议和，一致抗日"的通电，号召国内一切军队同红军停战议和，共商抗日救国大计。

《沁园春·雪》即作于 1936 年 2 月，正是红军渡河东征，出师抗日期间。这是一首长调，以咏雪起兴，赞美祖国的江山，评论祖国的历史，歌颂祖国的今天与未来。大气磅礴，兴致淋漓。

赏　析

毛泽东的《沁园春·雪》被公认为是杰出的诗词作品。这一点，与诗人在政治上的巨大成就无关。本词尽显作者前无古人的巨大胸怀与气魄，具有不可抗拒的艺术感染力。

在这首词中，毛泽东表达了这样一个观点：优美的江山常引来各种政治力量的争夺，其中不乏成功者。但他们还称不上"风流人物"。真正的风流人物，他不应该仅仅只会争夺江山，而更应该懂得如何去建设江山，使之更加美丽富饶！

这首词画面雄伟壮阔而又妖娆美好，意境壮美雄浑，气势磅礴，感情奔放，胸怀豪迈，最能代表毛泽东诗词的豪放风格，是中国词坛杰出的咏雪抒怀之作。

这首词上阕大笔挥洒，写北国雪景；下阕纵横议论，评历代英雄。上下浑融一气，构成了一个博大浩瀚的时空世界，铸就了一个完美独特的艺术整体，表现出一位伟大的无产阶级革命家超凡脱俗的精神境界。

"北国风光，千里冰封，万里雪飘。"这三句总写北国雪景，把读者引入一个冰天雪地、广袤无垠的银色世界。

"望长城内外，惟余莽莽；大河上下，顿失滔滔。""望"字统领下文，直至"欲与天公试比高"句。这里的"望"，有登高远眺的意思并有很大的想象成分，它显示了诗人自身的形象，使人感受到他那豪迈的意兴。"望"字之下，展现了长城、黄河、山脉、高原这些最能反映北国风貌的雄伟景观，这些景观也正是我们伟大祖国的形象。

"长城内外"，这是从南到北，"大河上下"，这是自西向东，地域如此广袤，正与前面"千里""万里"两句相照应。意境的大气磅礴，显示了诗人博大的胸怀，雄伟的气魄。"惟余莽莽""顿失滔滔"分别照应"雪飘""冰封"。"惟余"二字，强化了白茫茫的壮阔景象。"顿失"二字，则写出变化之速，寒威之烈，又使人联想到未冰封时大河滚滚滔滔的雄壮气势，这四句用视觉形象，赋予冰封雪飘的风光以更为具体更为丰富的直觉，更显气象的奇伟雄浑。

"山舞银蛇，原驰蜡象，欲与天公试比高。"化静为动的浪漫想象，在大雪飘飞中远望山势和丘陵绵延起伏，确有山舞原驰的动感，更因诗人情感的跃动，使眼前的大自然也显得生气勃勃。

"须晴日，看红装素裹，分外妖娆。"不同于前十句写眼前的实景，此三句写的是虚景，想象雪后晴日当空的景象，翻出一派新的气象：雪中的景象在苍茫中显得雄伟，雪后的景象则在清朗中显得娇艳。"看"字与"望"字照应；"红装素裹"，把江山美景比作少女的衣装，形容红日与白雪交相辉映的艳丽景象。"分外妖娆"，赞美之情溢于言表。

"江山如此多娇，引无数英雄竞折腰。"这两句是上文写景与下文议论之间的过渡。这一过渡使全词浑然一体，给人严丝合缝、完整无隙的感觉。"江山如此多娇"承上，总括上片的写景，对"北国风光"作总评；"引无数英雄竞折腰"启下，展开对历代英雄的评论，抒发诗人的抱负。

祖国的山河如此美好，难怪引得古今许多英雄人物为之倾倒，争着为它的统一和强大而奋斗。一个"竞"字，写出英雄之间激烈的争斗，写出一代代英雄的相继崛起。"折腰"的形象，展示了每位英雄人物为之倾倒的姿态，并揭示了为之奋斗的动机。

"惜秦皇汉武，略输文采；唐宗宋祖，稍逊风骚。一代天骄，成吉思汗，只识弯弓射大雕。"以"惜"字总领七个句子，展开对历代英雄人物的评论。诗人于历代帝王中举出五位很有代表性的人物，展开一幅幅历史画卷，使评论得以具体形象地展开，如同翻阅一部千秋史册，一一加以评说。一个"惜"字，定下对历代英雄人物的评论基调，饱含惋惜之情而又有批判。然而措词极有分寸，"略输文采""稍逊风骚"，并不是一概否定。至于成吉思汗，欲抑先扬，在起伏的文势中不但有惋惜之极的意味，而且用了"只识"二字而带有嘲讽了。"弯弓射大雕"，非常传神地表现了成吉思汗只恃武功而不知文治的形象。

"俱往矣，数风流人物，还看今朝。""俱往矣"三字，将中国封建社会的历史一笔带过，转向诗人所处的当今时代，点出全词"数风流人物，还看今朝"的主题。"今朝"是一个新的时代，新的时代需要新的风流人物。"今朝"的风流人物不负历史的使命，超越于历史上的英雄人物，具有更卓越的才能，并且必将创造空前伟大的业绩，这是诗人坚定的自信和伟大的抱负。

七律·人民解放军占领南京

1949 年 4 月

钟山风雨起苍黄，百万雄师过大江。

虎踞龙盘今胜昔，天翻地覆慨而慷。

宜将剩勇追穷寇，不可沽名学霸王。

天若有情天亦老，人间正道是沧桑。

注　释

此诗最早发表于人民文学出版社 1963 年 12 月版《毛主席诗词》。

钟山：紫金山，位于今南京市东。苍黄，同仓皇。

虎踞龙盘：像虎蹲着，像龙盘着，形容地势险要。《三国志》诸葛亮
与孙权论金陵说："钟阜龙蟠（pán），石城虎踞。"

慨而慷：曹操《短歌行》："慨当以慷，忧思难忘。"

穷寇：穷途末路的贼寇，泛指残敌。《孙子兵法·军争篇》："穷寇勿追。"

沽（gū）名：故意做作或用某种手段谋取名誉。

天若有情天亦老：见李贺《全铜仙人辞汉歌》："衰兰送客咸阳道，天若有情天亦老。"

时代背景

1949 年 4 月 23 日，人民解放军百万雄师全部渡过了长江，包围了南京城，当日晚南京解放。蒋介石做了 22 年的"金陵春梦"从此结束。

1871 年 3 月 18 日，巴黎的革命工人完全掌握了巴黎，创立了不朽的"巴黎公社"；1917 年 11 月 7 日，俄国的布尔什维克攻下了彼得堡的冬宫，建立了第一个社会主义国家；1949 年 4 月 23 日，中国人民解放军占领南京，胜利的红旗飘扬在蒋伪"总统府"的上空。有人曾把这三个日子称作标志着世界无产阶级革命胜利途程中三座最庄严最宏伟的里程碑。毛泽东这首七律，正是在全中国以至世界革命人民的"欢腾"声中挥笔写成的。

赏析

郭沫若同志说："主席的七律一首《人民解放军占领南京》，无疑是在南京解放的三两天之内作的。主席在这一段时间内，毫不夸大地说，真是'一日二日万机'的。军事、政治、经济、外交、文化教育、交通运输，举凡有关人民政权的奠定工作，都必须加以考虑。在这样百忙之中，主席却写出了这样一首七律。这无疑是由于南京解放的重要性，使主席感到了衷心的喜悦。而这衷心的喜悦，焕发了主席的葱郁的诗兴，便酝酿成了这样一首雄浑沉着的新史诗。"

此律首联以描绘纪实，仅十四个字，就把偌大一个场面勾画了出来。颈联以形象歌颂，静动相映，时空兼容，情景并茂。这两联已自雄浑矫健。假如说，这还不是一般作者绝对不能达到的，那么，额联两句又仿佛上达高峰，略一停顿，径自张翼鼓风，凌空飘举，把原有的境界延伸到更深更远，将古诫今，至理深情，这样沉着劲道，这样濡染大笔，除非是胸中自有雄师百万的伟大战略家，除非是料事如神、指挥若定的革命导师，什么人能发出这等警策的叮嘱？这不仅是抒情的诗句，而且也是进军的号令啊！

1949 年 4 月 21 日，毛泽东和朱德联名向各野战军全体指挥员战斗员和南方各游击区人民解放军发出了《向全国进军的命令》，命令说："（一）奋勇前进，坚决、彻底、干净、全部地歼灭中国境内一切敢于抵抗的国民党反动派，解放全国人民，保卫中国领土主权的独立和完整。（二）奋勇前进，逮捕一切怙恶不悛的战争罪犯。不管他们逃至何处，均须缉拿归案，依法惩办。特别注意缉拿匪首蒋介石。"此命令之诗的表现，正是此律此联此两句。除非是签署在这皇皇文告上的三军统帅，有谁能成为写出这等名句的伟大诗人呢？

尾联，归结到精深的哲理的概括，这样深稳挺拔，真掷地作金石声，可谓收处更有完固之力。这等笔力，就更加只有像毛泽东这样出类超群的诗人和哲人才能办到。或以为"天若有情天亦老"，既是前人成句；"人间正道是沧桑"，也无难解奥义。其实不然，天若有情，月如无恨云云，古人只是移情于自然现象，借喻离愁别绪，且具有泛神论色彩。毛泽东于此，死句活用，化腐为奇，破格创新，最见功力。至若有关社会历史发展规律的认识，于常人只是抽象思维的结果，而任何抽象思维不是诗，任何深湛的哲学讲义不能成为诗篇。毛泽东此律七言八句五十六字，则是有机构成，是浑然整体，所谓"必须一气浑成，神完力足，方为合作"（《施补华《岘庸诗话》》）。在这里，思想不是外加进去的，而是形象中自然流露出来的，这才是诗的思想，是饱和着激情并闪耀着美感的思想；是理性之感性的显现，是感情之理性的升华；是普遍性的个性化，是个性中具有的普遍性；是哲理的诗，是诗的哲理，是哲理与诗的统一。

关于最后两句，自从毛泽东此律正式发表以来，国内曾作出了许许多多的解释。有的大同小异，有的大相径庭，一般都各擅胜义，可以互相补充。

本来像这样内涵丰富、具有偌大包容量的诗句，读者见仁见智，各有不同的感受，因而各有不同的理解，原是很自然的。于此，介绍萧涤非《读毛主席诗词》的一段话：我以为这两句是一种荡开的写法，由小处说向大处，由个别说到一般，也就是由南京的解放说到全人类的大解放，"天若有情天亦老"，只是一个旁衬的、补充的句子，正意则在下句。这一句虽全用李贺的诗句，但含义已大不相同。这里的"情"，包括甚广，不专指感情；这里的"老"，含有变化的意思，也不专指衰老。全句是说，自然界如果像人一样有思想、感情和理想，那它也一定会不断地起变化（古人有"天不变"的说法）。这样就引起并突出了下句"人间正道是沧桑"的主旨。因为和自然界相反，人是有思想感情和理想，并且总是为实现这理想而不断地斗争着的。所谓"正道"，即康庄大道，实指普遍规律，所谓"沧桑"，包括沧海变为桑田、桑田变为沧海两个方面，意实指变革，或者说革命。全句是说，不断地变化，不断地革命，乃是人类社会向前发展的必然规律（《文史哲》1964 年第 1 期）。

七律·和柳亚子先生

1949 年 4 月 29 日

饮茶粤海未能忘，索句渝洲叶正黄。

三十一年还旧国，落花时节读华章。

牢骚太盛防肠断，风物长宜放眼量。

莫道昆明池水浅，观鱼胜过富春江。

〔附〕柳亚子原诗

七律·感事呈毛主席

开天辟地君真健，说项依刘我大难。

夺席谈经非五鹿，无车弹铗怨冯骓。

头颅早悔平生贱，肝胆宁忘一寸丹。

安得南征驰捷报，分湖便是子陵滩。

注　释

此诗最早发表于《诗刊》1957年1月号。

柳亚子：名弃疾，诗人，是清末革命文学团体南社的发起人。

饮茶粤海：指柳亚子和毛泽东于1925年至1926年间在广州的交往。

索句渝州：指1945年在重庆柳亚子索讨诗作，毛泽东书《沁园春·雪》以赠。

牢骚：1949年3月28日夜柳亚子作《感事呈毛主席一首》（即附诗），也就是诗中的"华章"，称要回家乡分湖隐居。

昆明池：指北京颐和园昆明湖。昆明湖取名于汉武帝在长安凿的昆明池。

富春江：东汉初年，严光不愿出来做官，隐居在浙江富春江边钓鱼。

时代背景

1949年3月18日，柳亚子先生和其他民主人士一道从香港经胶东到达北京。7日后，毛泽东从石家庄来到北京，柳亚子先生曾赴机场参与迎接，是夜复宴集颐和园益寿堂，并归赋七律，以纪其盛，情绪很是昂扬兴奋。不知什么原因，柳亚子于3月28日夜作《感事呈毛主席》七律一首，发泄牢骚，流露出归隐情绪。4月29日上午，毛泽东把这首和诗送给他，劝他不要消极，还是留在北京，共商国是。这诗的所谓"和"，只是一般的唱和，不是步韵或次韵，也不是和韵。吴乔《答万季野诗问》说："和诗之体不一：意如答问而不同韵者，谓之和诗；同其韵而不同其字者，谓之和韵；用其韵而次第不同者，谓之用韵；依其次第者，谓之步韵。"步韵也叫次韵。

柳亚子先生得诗后，非常感动，立即次韵作答，题作《四月二十九日上午，偕鲍德作园游，归得毛主席惠诗，即次其韵》，诗云："东道恩深敢淡忘，中原龙战血玄黄。名园客我添诗料，野史凭人入短章。汉羲唐猫原有恨，唐尧汉武讵能量。昆明湖水清如许，未必严光忆富江。"

此后几天，柳亚子先生曾多次依韵题咏，反复表示："倘遣名园长属我，躬耕原不恋吴江"（《叠韵呈毛主席一首》）。这说明，得毛泽东赠诗以后，柳亚子先生已完全放弃回乡隐居的念头了。

赏　析

毛泽东在这首唱和《七律》中，以他那春风大雅能容万物的伟大胸襟，通贯全篇的挚情友谊，和那富有哲理、一字千钧的诗句，规劝柳亚子先生要"风物长宜放眼量"。请他不要改变前来北京参加政治协商会议和建国事业的初衷，不要忘记了"粤海共品茶"时所结下的诚挚友谊，希望他不要离开相交有年的老朋友而回乡去钓鱼。规劝先生如有闲暇和雅兴，为何不去"晴光总圣明"的颐和园昆明湖畔垂竿相钓？

让我们特别说一说诗的颔联"牢骚太盛防肠断，风物长宜放眼量"。臧克家说："我觉得这两句在全篇里最关紧要。这不但表现了友好的规劝情谊，同时也表现出了两个人的心胸气度和对人生的看法。"（《毛主席诗词讲解》）

柳亚子先生在毛泽东这首如春风般鼓荡心胸，字里行间充满友情呼唤的诗篇的真诚感召下，终于心悦诚服地决定留在北京参加新中国的建设事业。

浣溪沙·和柳亚子先生（一）

1950 年 10 月

1950 年国庆观剧，柳亚子先生即席赋浣溪沙，因步其韵奉和。

长夜难明赤县天，百年魔怪舞翩跹，人民五亿不团圆。

一唱雄鸡天下白，万方乐奏有于阗，诗人兴会更无前。

〔附〕柳亚子《浣沙溪》

10 月 3 日之夕于怀仁堂观西南各民族文工团、新疆文工团、吉林延边文工团、内蒙古文工团联合演出歌舞晚会，毛主席命填是阕，用纪大团结之盛况云尔！

火树银花不夜天，弟兄姊妹舞翩跹，歌声唱彻月儿圆。

不是一人能领导，那容百族共骈阗？良宵盛会喜空前！

注 释

此词最早发表在《诗刊》1957 年 1 月号。

浣溪沙：词牌名，唐教坊里曲子的名称。

赤县：战国时称中国为赤县神州。

翩跹：形容舞姿轻快飘逸。

一唱雄鸡天下白：见李贺《致酒行》；"雄鸡一声天下白。"

于阗（tián）：汉朝西域国名，在今新疆。

时代背景

1950 年 10 月 3 日，怀仁堂举行盛大的歌舞晚会，庆祝新中国成立一周年。在晚会上演出的有各民族文工团。伟大领袖毛泽东出席了这次晚会，并深深为这种民族大团结的气氛所感动，建议老诗人柳亚子先生填词来纪念这种空前盛况。柳亚子先生即席填了一首《浣溪沙》，毛泽东又步韵奉和一首。柳词于"月儿圆"下自注："新疆哈萨克族民间歌舞有《圆月》一歌云。"

赏析

上阕"长夜难明赤县天"与下阕"一唱雄鸡天下白"，一反一正，一阴一阳，一邪恶一正义，一黑暗一光明，而正义压倒了邪恶，光明战胜了黑暗。上阕说过去，下阕说今天。上阕是回忆，下阕是现实。前宾后主，前虚后实，读此不禁使我们联想到 1949 年 10 月 1 日开国大典，毛泽东在天安门上庄严宣布；"中华人民共和国中央人民政府成立了！占人类总数四分之一的中国人民从此站立起来了！"这一声霹雳，震彻万古千秋，给中国人民以欢欣鼓舞，给世界人民以兴奋昂扬。此词正是这一伟大历史变化的艺术概括。一首小令，42 字，蕴含了多么丰富的内容，塑造了多么宏伟的形象！这样巨大的艺术概括力，当然要靠纯熟精练的驱遣语言的本领。但它绝不只是修辞炼句功夫所能办到的，更重要的还是认识生活的能力，还是理解现实的器识，必须善于从现实生活中发掘出它所固有的深刻的本质意义，即小以见大，即近以见远，然后才能力透纸背，尺幅千里。即如毛泽东此词，缘起仅是一次民族歌舞晚会。柳亚子先生原词，也同样兴会淋漓地写了它，却只限于歌颂领袖一人。毛泽东和词则把百年苦难、万方腾欢、整个祖国的风云雷雨，全部收摄进来了。正如古人所说的；"观古今于须臾，抚四海于一瞬"（陆机《文赋》），实达艺术构思的极致。这种境界，古人能够标举出来，但在创作实践上有几人能够做到呢？而毛泽东则于言谈唱和中出之，全似毫不着力，却是兴酣墨饱。如果不是胸中自有雄兵百万，呼之即出，挥之即前，纵横成阵，进退自如，一般只在字面上用力者，哪能达到这等境地？吴乔《答万季野诗问》说："步韵最困人，如相殴而自絷手足也。盖心思为韵所束，于命意布局，最难照顾。"这话只是对徒解作韵、不知作诗的人说的，像毛泽东这样伟大的诗人，岂是韵脚所能束缚得了的？

浪淘沙·北戴河

1954 年夏

大雨落幽燕，白浪滔天，秦皇岛外打鱼船。一片汪洋都不见，知向谁边？

往事越千年，魏武挥鞭，东临碣石有遗篇。萧瑟秋风今又是，换了人间。

注　释

此词最早发表于《诗刊》1957 年 1 月号。

北戴河：在秦皇岛西，地当榆河口，靠着渤海岸，山明水秀，风景极好，是避暑胜地。

幽燕：古幽州及燕国，在今河北省北部及东北部。

滔天：形容波浪极大。《书经·尧典》；"浩浩滔天。"

魏武挥鞭，东临碣石有遗篇：魏武帝曹操于建安十二年（207）北伐乌桓，登临碣石山。有《步出夏门行》组诗，其第二首："东临碣石，以观沧海。"碣石山在北戴河外，靠近渤海，汉朝时还在陆上，到六朝时已经沉到渤海里了。

萧瑟秋风：见曹操《步出夏门行》第二首："秋风萧瑟，洪波涌起。"

时代背景

1954 年夏天，毛泽东曾到北戴河住过一些日子，填了这首《浪淘沙》词。词中描绘了壮阔的海景和渔民乘风破浪的英雄气概，并抒写了怀古的心情，对比往事，热情地歌颂了新时代新生活。

赏 析

上阕，望中所见，说的是空间，写景。下阕，心中所想，咏的是时间，抒情。时空掩映，情景交融。但有个立脚点，这就是今天，就是北戴河；这就是今天的北戴河，就是北戴河的今天。今天的北戴河，是新中国的一部分；北戴河的今天，也正代表着新时代。结语"换了人间"，仅 4 个字，便贯通古今，缩合时空，对伟大祖国的现实给予了热情的歌颂。

诗人是怎样由空及时、由景及情的呢？这词的构思是怎样进行的呢？对这一问题试作探索，于我们读词是具有启发意义的。

上阕，描绘大风雨中的海上景象："大雨落幽燕"，劈头第一句，破空而来，突出了"大雨"；接着说："白浪滔天"，明写波涛，却夹带写出大风。这些都是以雄健之笔，从大处落墨，不假雕琢，而自具壮美。往下读，不见雨中的山峦林木，不见雨中的殿阁楼台，却咏出了"秦皇岛外打鱼船"。啊，看那一艘艘渔船，还在与惊涛骇浪搏斗哩！转眼又是"一片汪洋都不见，知向谁边？"这说明风越刮越猛，雨越下越大，在滂沱大雨和滔天白浪中，渔船都隐没了，谁知道它们隐蔽到哪里去了呢？还是被莽苍的烟雨所遮蔽了呢？这里含蓄地赞美了解放了的人民不怕艰险的豪情。

有的读者由此而驰想到帝国主义强盗的舰队已从秦皇岛外的海面上逃得无影无踪，因为在旧中国，这里正是帝国主义强盗舰队出没的地方。这驰想是允许的，虽然"作者未必然"，而"读者何必不然"？即便如此，也还是暗含着赞美之情。正是这赞美给下阕的热情歌颂作了伏线，打了基础。下阕，抒写怀古颂今的豪迈心情："往事越千年，魏武挥鞭，东临碣石有遗篇。"这里抚今追昔，却没有半点苍凉悲慨的感喟，没有一丝物是人非的怅惘，因为这联想的基础原是对于现实的赞美，在上阕已设下伏线。所以很自然地便接下去："萧瑟秋风今又是，换了人间。"与对往古的追怀相应的是对今天的歌颂。"秋风"眼看就又要"萧瑟"起来，而"人间"则已"换了"。这是说，千年前的曹操处的是一个时代，今天又是一个时代，两者完全不同了。千年前的曹操处的是一个什么样的时代呢？"铠甲生虮虱，万姓以死亡。白骨露原野，千里无鸡鸣。生民百余一，念之断人肠。"（曹操《蒿里行》）这应是当时社会的写照，读了让人触目惊心！一千多年以来，广大人民前仆后继进行斗争，却始终陷在水深火热之中。而今天呢？嘿，那一艘艘海燕般乘风破浪的渔船，不正是人们干劲冲天、意气风发的象征吗？不正是新社会高歌猛进、欣欣向荣的图景吗？好一个"换了人间"，就这么4个字，便把全篇的主题思想点醒，而且把诗的意境扩大了。真是热情洋溢，义蕴弘深！词尤妙在戛然而止，以此作结，更觉余味无穷，含蓄不尽。

综读全词，壮阔、雄伟、高妙、豪逸。结构同前面读过的《菩萨蛮·黄鹤楼》非常相似：上阕写景，下阕抒情，下半阕都由怀古而写到现实。两篇都是收摄风云、囊括古今，共具尺幅千里的壮观，但所表现的情调则各有不同：《黄鹤楼》写于革命高潮而又隐伏着危机的形势下，所以激昂而沉郁；此词则写于新中国成立将近五年的时候，社会主义改造正在胜利前进，所以景象壮阔，气魄雄伟，风格既极高妙，又兼豪逸，这是空前盛世的反映。这些地方，只要细加比勘，便会有所体会。

水调歌头·游泳

1956 年 6 月

才饮长沙水，又食武昌鱼。万里长江横渡，极目楚天舒。不管风吹浪打，胜似闲庭信步，今日得宽余。子在川上曰：逝者如斯夫！

风樯动，龟蛇静，起宏图。一桥飞架南北，天堑变通途。更立西江石壁，截断巫山云雨，高峡出平湖。神女应无恙，当惊世界殊。

注　释

此词最早发表在《诗刊》1957 年 1 月号。

水调歌头：词牌名。水调本为一曲子。歌头，曲子开头部分。

游泳：1956 年 6 月 1 日，毛泽东从武昌游过长江到达汉口。6 月 3 日，第二次游过长江，从汉阳穿过长江大桥桥洞到武昌。4 日，第三次游过长江，也从汉阳到武昌。

武昌鱼：团头鲂。三国吴孙皓时民谣；"宁饮建业水，不食武昌鱼。"
当时以此谣反对孙皓从建业迁都到武昌。

宽余：宽阔舒畅。

子在川上曰：《论语·子罕篇》：子在川上曰："逝者如斯夫，不舍
昼夜！"

樯（qiáng）：桅杆。

巫山云雨：宋玉《高唐赋》，称楚襄王梦见神女，神女说她"旦为行云，
暮为行雨"。

天堑：天然形成的隔断交通的大沟，这里指长江。南北朝陈朝的孔范
称长江为天堑。

西江石壁：指长江西部的一道拦河坝。

时代背景

这首词毛泽东在手稿中本题作《长江》，1957 年 1 月交《诗刊》正
式发表时改题作《游泳》。1956 年 5 月，毛泽东视察湖南以后，又到武
昌视察，利用休息时间，在武汉江面游泳三次。这首词是第一次到第二
次游过长江后写的。通过游泳的感受和联想，写了武汉长江大桥与三峡
水利工程建设，热情地歌颂了伟大祖国新面貌。

赏　析

上阕记游泳，下阕写建设。游泳是在长江里游泳，建设也讲的是长江
的建设，这就把上下阕紧紧联系起来。此词最初以手抄稿传阅，标题一
作《长江》，正式发表时才改作《游泳》，这也给我们理解它提供了一
个重要的线索。细心诵读，好好品味，便可发现，全词上阕 9 句 48 字，
下阕 10 句 47 字，意境是完整的，风格是统一的；在构思上，前后一脉贯通，
首尾一气浑成，层层相生，丝丝入扣。

上阕开头点明从长沙来到武昌，饮长沙水、食武昌鱼，说得极有

风趣。这就于标示行踪之外，更增加了亲切感和形象性，且表现出祖国到处是名城，风物光华到处皆可爱的意味。紧接着入题写游泳："万里长江横渡"，写出长江的气势，也写出横渡的壮举，一笔两面俱到，极为矫健有力。"极目楚天舒"，写横渡时低头看是万里长江，抬头看是舒展无尽的楚天，写得境界廓大，于此亦见作者胸襟的开阔。"不管风吹浪打，胜似闲庭信步，今日得宽余。"这便确乎是游泳，写出了诗人雍容开阔的风度和藐视困难的精神。愈是"风吹浪打"，愈感"宽余"舒畅，显示出诗人心灵的伟大与刚强。这从容，这气魄，不但慑服了奔腾的大江，而且充塞了无垠的楚天。当此之时，由于目及而且身触流水的感受，联想到的是时光在飞渡，历史在前进："子在川上曰：逝者如斯夫！"一切事物都在不断发展，新中国在短短几年中已经起了根本的变化。这就非常巧妙地过渡到下阕。表面上是戛然而止，实际上则从容转境。

下阕明写游泳时所见江景，而"景物无自生，唯情所化"。为什么这里不见"晴川历历汉阳树，芳草萋萋鹦鹉洲"，而是"风樯动，龟蛇静"呢？这不只反映着古今两个不同的时代，而更显示出新旧两种不同的思想。风樯、龟蛇涌进诗篇，伏线已在上阕结束处放定了。风樯往来，龟蛇峙立，动静相映，引出"宏图"。这"宏图"二字，又领起"一桥飞架"来。当时大桥工程刚刚兴建，诗人更幻生出"南北天堑变通途"的意象来，使自古以来的限隔填平了。既然提到长江大桥，自然便联想到三峡水库。这本是国家水利局正在着手实施的重大工程项目。而妙处还在于表达："更立西江石壁，截断巫山云雨，高峡出平湖。"在诗人的生花妙笔下，朝云暮雨都被驱遣来为社会主义建设服务了，这就把历史上一段旖旎的神话传说穿织到现实生活中来了。诗的形象是通过想象和借助联想而塑造的，它不只是三峡水库，而是高唐神女的现形。到这里，诗人不禁又想到，这"连山七百里"的三峡，这"曲折三回如巴字"的巴江，眼看就要大大改观了，这会不会影响到神女的生活呢？不会吧："神女应无恙"。可是，在这波涌连天的高峡平湖面前，她也定会目瞪口呆的："当惊世界殊。"多么奇妙的想象，真是神来之笔。这仅仅是极富情趣的联翩的浮想和淋漓的兴会吗？当然不是。这明明是洋溢着自豪感、充满着自信心的新中国颂歌啊！

蝶恋花·答李淑一

1957 年 5 月 11 日

　　我失骄杨君失柳，杨柳轻飏直上重霄九。问讯吴刚何所有，吴刚捧出桂花酒。

　　寂寞嫦娥舒广袖，万里长空且为忠魂舞。忽报人间曾伏虎，泪飞顿作倾盆雨。

注　释

此词最早发表于 1958 年 1 月 1 日湖南师范学院院刊《湖南师院》。

李淑一：湖南长沙第十中学语文教师。

杨：即杨开慧，1930 年红军退出长沙后为军阀何键杀害。

柳：柳直荀，毛泽东之友。1932年在湖北洪湖牺牲。

吴刚：《酉阳杂俎》载，汉朝西河人吴刚，学仙犯错，被罚在月宫砍桂树。树高五百丈，刚砍过的地方立刻长好，因此他一直在砍。

郭沫若曾将此词译成新体诗：

"我丧失了杨，你丧失了柳，杨柳的忠魂，向月夜高空飘飘走。吴刚啊，你有什么来款待他们呢？吴刚捧出了他的桂花酒。

"寂寞的嫦娥展开长袖，为了安慰忠魂，在万里长空翩翩起舞。他们忽听到人间降龙伏虎的消息，那激动的泪水啊，刹时间化为一天大雨。"

无怪乎毛泽东在1958年3月20日说："我反正不读新诗，除非给我一百块大洋。"

〔摘自《毛泽东诗词全集》（刘济昆编，香港昆仑制作公司出版，1990年）〕

时代背景

这首词是毛泽东在1957年5月写给湖南长沙第十中学语文教员李淑一的。词中"柳"是指李淑一的爱人柳直荀烈士。他是毛泽东的老战友，1923年加入中国共产党，曾任湖南省政府委员，湖南省农民协会秘书长，参加过南昌起义，1932年在湖北洪湖战役中牺牲。"骄杨"是指杨开慧烈士。她在1930年红军退出长沙后，为反动派何键杀害，她是李淑一同志的好朋友。1957年1月，李淑一把她写的一首纪念柳直荀同志的词，寄给毛泽东，毛泽东写了这首词答赠她。

这首词一题作《游仙》，毛泽东致李淑一信中曾说："有《游仙》一首为赠。这种'游仙'，诗人自己不在内，别于古之游仙诗。但词里有之，如《咏七夕》之类。"

李淑一寄给毛泽东的词是1933年旧作。1933年夏天李淑一听到柳直荀烈士牺牲的传闻，但又没有确实消息，非常沉痛。一天夜里，她梦见烈士归来，才见面就又惊醒了。因感赋《菩萨蛮》词一首："兰闺索寞翻身早，夜来触动离愁了。底事太难堪？惊依晓梦残。　征人何处觅？六载无消息。醒忆别伊时，满衫清泪滋。"1957年春节，她把这词寄给毛泽东，并索阅毛泽东从前写赠杨开慧烈士的一首词。毛泽东于回信中曾说："大作读毕，感慨系之。"但没有把以前赠杨开慧烈士的旧词再写出来，而另写了这首《蝶恋花·答李淑一》作答。

赏　析

毛泽东此词，是对战友、亲人的悼念，是对烈士、英雄的赞美，是对用牺牲换取革命胜利的中国革命者的颂歌。我们读了它以后，不禁就被那种联翩的浮想吸引住，而进入到美丽的神话境界中，继而联想起革命志士所经历的激烈的革命斗争生活。战士的矫健，烈士的忠贞，以及作为时代的先驱者们为理想献身的精神，还有广大人民对他们的热爱景仰和崇敬，都化为奇妙的形象呈现在眼前。沉痛而昂扬，悲壮而鼓舞，这是我们读过诗篇后的感受。它是在革命现实主义基础上开放的革命浪漫主义鲜花，它是在革命浪漫主义主导下结出的革命现实主义硕果，它是革命现实主义与革命浪漫主义相结合的典范。

《蝶恋花·答李淑一》虽说是游仙体，但显然还是从现实的人间出发的。"我失骄杨君失柳""忽报人间曾伏虎"，这不正是中国革命所经历的两个现实的历史阶段吗？杨和柳，对毛泽东和李淑一来说，是亲人、是战友、是同志，同时也是无数为革命捐躯的英烈的代表。"我失""君失"，岂不也是6亿人民的"失"吗？中国人民对于他们心目中的英雄烈士和一切应该颂扬的人物，一向是以"愿他们死后升天"来表示其赞美的心情的，是人民纯朴感情的传统表现方式而已。"杨柳轻飏直上重霄九"，恰好是杨柳，这一由杨柳生发出来的巧妙联想，不正是人民心愿的形象表达吗？试想想看，李淑一读到这里会怎样反应呢？常年郁结的悲抑之情，甚至在刚读过第一句时所引起的沉痛之感，就像阴霾里忽然闪出一道阳光，定然会一下子就透亮了吧？"征人何处觅？"他们到九重天上去了；"满衫清泪滋"，再也见不到了。而更绮丽的幻想还在下面，初读诗稿的李淑一到此也定会急于看下去的；于是，吴刚捧酒；于是，嫦娥献舞。啊，碧海青天，长空万里，都为忠魂的莅临而增色。这想象是多么新奇，这意境是多么阔大。烈士矫健的英姿，忠魂浩然的正气，他们的崇高，他们的伟大，已由桂下吴刚、月里嫦娥的敬仰表现充分反衬出来了。到此，我们的李淑一，我们每个读者自己，也都定会激动活跃起来，也都定要扬眉吐气的吧。可是，在我们内心深处，在李淑一内心深处，总会有点沉郁。这赞美还只是悼念的升华，仍有所未足。敌人呢？那加害烈士的凶手呢？那压在6亿人民头上的魔影呢？不忙，往下读吧！一声霹雳，地覆天翻："忽报人间曾伏虎"，至此怎能不激动，怎能不高昂？自然就"泪飞顿作倾盆雨"了。这是欢乐的眼泪，这是振奋的眼泪。杜甫《闻官兵收河南河北》："剑外忽传收蓟北，初闻涕泪满衣裳。"也正是这种眼泪。但那只是蹙居客舍、面对妻儿的纵情落泪，比起这里天上人间的倾盆豪雨来，那意象就显得局促多了。而这种澎湃的激情、热烈的场面，岂不正是对于伟大的中国革命的颂歌吗？有人说，"伏虎"是杨柳烈士生前的事，"泪飞"是吴刚嫦娥同情的表现。那就变成为一种真正凄怆的景象，广寒宫也将会更加清冷了。而且谁去"忽报"的呢？原先的捧酒献舞为了什么呢？必须注意；毛泽东的词是作于1957年，是为了答李淑一而写的，是高度地提炼并概括了广大人民的思想情感再用集中的艺术手法表达出来的，并非仅仅是"悼亡"啊！

七律·送瘟神
二首
1958 年 7 月 1 日

　　读 6 月 30 日《人民日报》，余江县消灭了血吸虫。浮想联翩，夜不能寐。微风拂煦，旭日临窗。遥望南天，欣然命笔。

其一

绿水青山枉自多，华佗无奈小虫何！

千村薜荔人遗矢，万户萧疏鬼唱歌。

坐地日行八万里，巡天遥看一千河。

牛郎欲问瘟神事，一样悲欢逐逝波。

其二

春风杨柳万千条，六亿神州尽舜尧。

红雨随心翻作浪，青山着意化为桥。

天连五岭银锄落，地动三河铁臂摇。

借问瘟君欲何往，纸船明烛照天烧。

注　释

这两首诗最早发表于 1958 年 10 月 3 日《人民日报》。

余江县：在江西省东北部。

枉自多：杜甫《征夫》有"十室几人在，千山空自多"。

华佗：三国时名医。

薜荔（bìlì）：常绿藤本植物，茎蔓生，叶子卵形。果实球形，可做凉粉，茎叶可入药。

矢：同"屎"。

萧疏：萧条荒凉。

鬼唱歌：见李贺《秋来》："秋坟鬼唱鲍家诗"。

尽舜尧：《孟子·告天下》："人皆可以为舜尧。"

红雨：桃花雨。李白《将进酒》："桃花乱落如红雨。"

三河：黄河、淮河、洛河。泛指河流。

时代背景

1958 年 6 月 30 日，《人民日报》发表了特写《第一面红旗》，记江西省余江县根本消灭血吸虫病的经过。毛泽东读过报道，兴奋得一夜没有睡觉；第二天清早，又在旭日微风中欣然命笔，写出这样两首优美的诗篇。毛泽东为什么这样激动和喜悦呢？

原来血吸虫是一种危害人畜的寄生虫。它以钉螺为中间宿主，它的幼虫侵入人体或畜体后便产生血吸虫病。此病象初起时下痢，继而食欲减退，精神萎弱，四体消瘦，逐渐削弱以至完全丧失劳动能力。病剧时，腹部膨大如鼓，俗称鼓胀，或叫大肚子病。当时没有适症疗法，死亡率很高，长期以来给广大劳动人民带来极其严重的灾难。远的不说，单就新中国成立前国民党反动统治时期而论，血吸虫病曾广泛流行于南方的 12 个省市，上千万的农民和渔民受到感染，上亿的人口受到威胁。病情特别猖狂的地方，许许多多村庄完全毁灭，许许多多良田变成荒野。

这一威胁在新中国成立初期依然存在，成为旧中国遗留下来的历史包袱之一。党和人民政府一直重视血吸虫病的防治工作，南方各省则一解放就把这一问题提到日程上来，1956年春天以后更是大规模地展开了斗争。1958年6月30日《人民日报》社论指出："消灭血吸虫病是一场关系到改变千百万群众生活、生产习惯的艰巨任务。""在农业生产大跃进的新形势下，消灭血吸虫病就有着更加迫切的重要意义。"（《反复斗争，消灭血吸虫病》）从这里，可以看出消灭血吸虫病是一场严重的斗争，是一件极其重要的大事。余江县人民在党的领导和支持下，在这方面作出了榜样，首先根除了血吸虫病，树立了第一面红旗。他们在防治过程中还发扬了共产主义的独创精神，敢想敢说敢做，打破了血吸虫病不能根本消灭或是在短期间内消灭的迷信，为世界血吸虫防治史创造了新的纪录，影响是极其深远的。毛泽东关心千百万群众的生活，看到余江县人民解除了历史上遗留下来的灾难，恢复和发展了生产，改变了精神面貌，并且大大推进了血吸虫的防治工作。正是因为这些，毛泽东才感到极大的兴奋和喜悦，并欣然赋诗。

赏　析

毛泽东是具有革命浪漫主义气质的诗人，《送瘟神》七律二首便是其革命浪漫主义的杰作之一。在诗中，诗人内心世界随着神奇的想象、多变的画面得到了多方面的展示。当然，这是余江县消灭了血吸虫这一现实生活在伟大诗人头脑中反映的产物。

情感唤起想象的活动，想象的意象又产生着情感。这就是"浮想联翩"，以至"欣然命笔"。浮想就是想象，浮想联翩就是想象的意象一幕接着一幕，像电影一样在脑膜上飞驰。可以设想：经过通宵的酝酿，已经诗意勃发，激情充溢心头。当此之时，"遥望南天，欣然命笔"。映入眼帘的，恰是南国的锦绣江山。于是作者开端就写道："绿水青山枉自多"。为什么"枉自多"呢？因为诗人是从血吸虫说起的，这里是说在旧中国血吸虫为害之烈，人们对它没有办法："华佗无奈小虫何"，以致搞得"千村薜荔人遗矢，万户萧疏鬼唱歌"。这些意象，都是借助于记忆保存的材料和历史记载的材料而重新组合创造出来的。写到这里，诗人的思路作了一个巨大的飞跃：旧中国是那个悲惨的样子，现在呢？大大不同了，余江县已经消灭了血吸虫。江山虽然如故，时代却已更新，真是一天等于20年啊！这岂不是"坐地日行八万里，巡天遥看一千河"吗？诗人所以用这些意象表现上述观念，依然还是使用的现实材料，都是有科学根据的。当然，又作了诗的夸张，比如"一千河"。下边又从这"一千河"联想到"牛郎"，"牛郎欲问瘟神事"，诗人就回答他说："一样悲欢逐逝波"。这是对新生活的赞颂。而设为同牛郎的问答，则是借用了中国古代神话传说。由此我们可以看到，任何富有创造性的想象，都要依靠丰富的生活经验、历史知识和理论修养。这样，第一首诗就完成了。限于格律，只能写八句，意犹未足，所以便接着写下来，再来个"其二"。

同样是这些"绿水青山"，过去是"枉自多"，到今天却截然改观，因为6亿人民已经站立起来了，已经在发挥着无限的集体智慧和无穷的创造力量了。今天是什么样子呢？"春风杨柳万千条，六亿神州尽舜尧。红雨随心翻作浪，青山着意化为桥。"这依然是由前诗联翩而来的浮想，因为彼时正当盛夏，眼前并无春色。这里所说的，只是对新社会新生活的形象的表述。春风杨柳，红雨青山，都仿佛具有了灵性，为什么？因为"六亿神州尽舜尧"。在这样的时代，"天连五岭银锄落，地动三河铁臂摇。"瘟神还能够照旧呆下去吗？瘟神也无处容身了吧？"借问瘟君欲何往？"你要走吗？欢送！"纸船明烛照天烧。"天上地下，一片光明，瘟神想赖着不走也不行啊！到此，就把由余江县消灭了血吸虫这一事实所引起的喜悦之情表达得更加凝练，更加生动起来。并且通过这些生动具体的形象反映，连同产生这喜悦之情的现实基础，即对余江县消灭了血吸虫这一现实的理性认识也作了深刻表达。这也就是通过达性情而起到了发议论的作用，虽然在这里并没有发一句议论。

从这里，我们体会到："浮想联翩"正是诗的特点或者说诗创作的特点。当然,从事任何意识形态工作,都不能不运用想象,没有想象力,在任何领域中也不能进入创造性活动。当一个学者要创立新的假说或新的理论时,他必须把"充分的活动的余地交付给他的想象",列宁甚至对于最抽象的科学,如数学,也强调说明了想象的必要性。他指出,如果没有想象,那就不可能有巨大的数学的发现了。但是,无论如何,想象的作用,在任何领域也没有在艺术特别是在诗的创造过程中那样有更特殊的意义。在科学中,想象的意象仅只是学者创造性思考所利用着的一种资料而已;在艺术中,在诗篇中,创造性想象的意象就是创造的目的,想象占据着中枢的地位。余江县消灭了血吸虫这一现实事件反映到诗人的头脑中,诗人对它作出判断,引起一定的情感,由这情感又唤起一系列的想象,这想象的意象又加强了这情感,这就是浮想联翩。而把这联翩的浮想,经过剪裁,加以润色,用一定工具,在这里是用语言文字记载下来,便成为诗篇。

七律·到韶山

1959 年 6 月

1959 年 6 月 25 日到韶山。离别这个地方已有 32 周年了。

别梦依稀咒逝川，故园三十二年前。

红旗卷起农奴戟，黑手高悬霸主鞭。

为有牺牲多壮志，敢教日月换新天。

喜看稻菽千重浪，遍地英雄下夕烟。

注 释

此诗最早发表于人民文学出版社 1963 年 12 月版《毛主席诗词》。

韶山：一名韶山冲，是毛泽东的故乡。

逝川：指消逝的时间。《论语》："逝者如斯夫，不舍昼夜！"

戟：古代兵器，在长柄的一端装有青铜或铁制成的枪尖，旁边附有月牙形锋刃。

菽（shū）：豆类的总称，泛指粮食。

时代背景

1925年1月，毛泽东从上海回到故乡，建立中国共产党韶山支部，后又组织农民协会，领导故乡人民革命。1927年1月间，毛泽东在湖南考察农民运动时，又一度回到韶山。这次回到故乡，忙了三天三晚，曾向农民群众作了讲演，组织了几次农民运动工作同志座谈会，听取党支部的汇报。他特别指出要建立农民革命武装，随时准备粉碎反革命破坏农民运动的阴谋。这之后，韶山一带的农民运动更加深入发展。三个月后，国民党反动派发动"四一二"反革命事变，接着湖南反动军阀也于5月21日在长沙突然袭击总工会、农民协会等革命组织，逮捕屠杀革命党人，这就是血腥的"马日事变"。这个事变激起了广大工农群众的愤怒，各地立即组织起革命武装。当时韶山也成立了农民自卫军湘宁边区司令部，集中一千多人的队伍，三百多支枪，准备配合友军夺取长沙。由于陈独秀右倾机会主义的错误领导，这个革命计划没有成功。农民运动力量反而被反动派各个击破。后来反动派军队分三路进攻韶山，农民自卫军英勇抵抗，终因众寡悬殊而失败。接着是反动派的残酷镇压，许多农民领袖都壮烈牺牲了。从此，经过了十年土地革命战争、八年抗日战争、三年解放战争、终于在新中国成立后的第十年，毛泽东才得重返故乡一次。一别32年，故乡的面貌完全变了。感今慨昔，感而赋诗。毛泽东这次返乡，与故乡父老欢聚畅谈，人们非常激动非常快乐，这几天成了韶山的真正的节日。这首七律，是25日深夜写成的。

周立波《韶山的节日》一文记载："在长期的、尖锐的、剧烈的革命和反革命的斗争中，毛泽东同志的一家牺牲了6人。他的妻子杨开慧同志1930年就义于长沙，那时候，她只有29岁；他的大弟毛泽民

同志 1943 年被盛世才匪帮杀害于新疆，年仅 47 岁；小弟毛泽覃同志
1935 年和国民党匪军作战，阵亡于江西瑞金和福建长汀交界的地区，
年仅 30 岁；小妹毛泽建同志 1929 年牺牲于湖南衡山，年仅 24 岁；他
的长子毛岸英同志 1950 年殉难于抗美援朝的前线，年仅 28 岁；他的
侄儿，也就是毛泽民同志的儿子毛楚雄烈士 1945 年牺牲于湖北、陕西
交界的地方，年仅 18 岁，还没有到入党的年龄。一个多么伟大的革命
的家庭，真是一门忠烈！这个可敬的家庭集中地表现了中国人民的智
慧、义烈和敢于降龙伏虎的无畏的气概。由于这一种精神，我们亲爱的
祖国终于打退了侵略，摆脱了压迫，扫灭了一切害人的精怪，像巨灵一
样屹立在宇宙之中。'为有牺牲多壮志，敢教日月换新天。'诗人歌咏
的是一切革命的家庭，一切殉难的同志，自然也包括了他的壮烈牺牲的
可爱的家人。"

赏 析

1925 年、1927 年，毛泽东两度回到韶山，随即又离开韶山，久别重归，
既没有"少小离家老大回，乡音无改鬓毛衰"（贺知章《回乡偶书》）
的感喟，也没有"大风起兮云飞扬，威加海内兮归故乡"（刘邦《大风歌》）
的兴会。诗中当然流露着诗人自己的喜怒哀乐、真情实感，诗人在心之
志，与人民大众共有之情，是相通的、是一致的。因为正是他，正是那
一颗巨大的赤心，包容着时代的风雨，燃烧着革命的希望。直抒胸臆，
也便是革命史诗。这样写出来的诗篇，境界自高。

首联暗暗点出回到故乡。而不说回到故乡，却说"别梦依稀"，
仅这四个字，便把蕴藏在内心深处的"桑梓之情"全部显露了出来。
这一点和一般常人是相同的。而"咒逝川"，"咒"原为"哭"，毛
泽东征求梅白意见时，梅白改为"咒"，一个"咒"字则只是诗人独
特感受和主观态度的个性化的表达。如果不是对苦难制造者的深恶痛
绝，不是对故乡人民的深情热爱，这个"咒"字绝对想不出来。仅仅
这一个"咒"字，便给"故园三十二年前"的"逝川"与"别梦"泼

洒上了一层浓郁的色调。

颔联紧承"三十二年前",概括表述当年的斗争形势。必须注意的是鲜明生动的形象塑造。"红旗""黑手",针锋相对,爱憎分明。这可不是什么"无我之境",这可不是什么"以物观物"。当诗人在说"红旗卷起农奴戟"时,显然是洋溢着自豪感的回忆,是赞美;当诗人在说"黑手高悬霸主鞭"时,则投掷着愤怒与蔑视的目光,是贬斥。这是诗人主观态度的形象表述,也是历史客观现实的集中反映。这不正是32年前阶级斗争的缩影吗?在一般常人的心灵中,怎能发得出这等风雷震荡,怎能容得下这等云水翻腾?

假如说颔联两句是一正一反,颈联两句则一反一正:"为有牺牲多壮志",正上承"黑手高悬霸主鞭",讲的是敢于斗争,不怕牺牲;于是顺理成章,下句紧跟着说:"敢教日月换新天",说的是敢于胜利,取得光明。高下相联,自然成对。这就是说,在诗篇中出现了一反一正的对偶的形式,乃是由于在生活中存在着相反相成的矛盾的内容。而"敢教日月换新天",这又是何等雄伟的气魄和宏大的理想。这种超奇绝特而又如此平易近人的诗句,这种惊世骇俗而又如此耐人深思的形象,除了"天欲堕,赖以拄其间"的时代巨人,除了"安得倚天抽宝剑"的革命统帅,有谁能有这等笔力,有谁能够铸造出来?合起来看,上下两句,包容着多么丰富的斗争史实,又体现着多么巨大的精神力量。岂不正是主客观两种因素互相渗透、互相结合,才凝练出这种艺术的结晶、诗的精品?

尾联再遥应首联"别梦",紧承上句"新天",总结说:"喜看稻菽千重浪,遍地英雄下夕烟。"对久别重归的韶山故乡作了形象的歌颂。谁"喜看"?自然是诗人"喜看"。而它仅仅是属于诗人的个人感受和主观态度吗?它不同时也是全国人民情意的集中表现吗?这"千重浪"的"稻菽",这"下夕烟"的"英雄",是眼前景,不出一望之遥;但它仅仅是属于韶山一地所有吗?它不同时也是全国广大农村的普遍风光吗?正是这对故乡的歌颂,同时也歌颂了祖国,并以这歌颂祖国的巨大热情更加深了对故乡的歌颂。主观和客观，个别和一般，就是这样水乳交融，融合无间；诗的形象意义，诗的艺术生命力，也就是这样获得的。

综览全诗，首以"别梦"开端，暗示回到故乡，而又荡开到"三十二年前"，末以"喜看"作结，正面形象歌颂。真情壮采，自然浑成，句句都是直抒胸臆。

七律·登庐山

1959 年 7 月 1 日

一山飞峙大江边，跃上葱茏四百旋。

冷眼向洋看世界，热风吹雨洒江天。

云横九派浮黄鹤，浪下三吴起白烟。

陶令不知何处去，桃花源里可耕田？

注　释

此诗最早发表于人民文学出版社 1963 年 12 月版《毛主席诗词》。

庐山：我国名山之一，一称匡山。在江西省北部，耸立于鄱阳湖、长江之滨。《太平寰宇记》说它"高三千三百六十丈，周回二百五十里，其山九叠，川亦九派。"《开山图》说它"山四方周四百余里，叠嶂之岩万仞，怀灵抱异，苞诸仙迹。"有大汉阳、香炉、五老等九十九峰耸峙，著名胜迹有白鹿洞、仙人洞、三叠泉、含鄱口等。历代诗人文士多所题咏，也是僧道隐逸混迹之所。

四百旋：庐山盘山公路 35 里，有近四百圈。

九派：长江到浔阳（九江）分九条支流，称九派。

陶令：陶渊明。他曾作彭泽令八十八天，曾登过庐山，辞官后归隐之地距庐山也不远。

桃花源：见陶渊明《桃花源诗并记》。

时代背景

毛泽东继赋《到韶山》以后，6 日之内，复有《登庐山》之作。毛泽东这次登庐山，是为了召开党的八届八中全会。登临纵目，有感于"江山如此多娇"，挥笔赋诗，遂成此律。

郭沫若曾说："毛主席并无心作诗，是诗从毛主席的精神中自然地流淌出来了。当然，壮丽的庐山，你也起了触媒的作用。壮丽的客观风物与博大的主观情感交融，因而凝结成了那样博厚、高明而悠久的结晶。"（《桃花源里可耕田》）这实在是深得诗旨、入木三分的体会。一切诗篇，尤其是抒情诗篇，都莫不是客观风物（生活）与主观情感（思想）的交融；一切好的诗篇，尤其是好的抒情诗篇，都莫不是在一定事物作为触媒的情况下，从诗人的精神中自然表露出来的。

苏轼《题西林壁》："横看成岭侧成峰，远近高低各不同。不识庐山真面目，只缘身在此山中。"苏轼是说"旁观者清，当局者迷"。身在庐山中，反倒"不识庐山真面目"了。

赏 析

首联："一山飞峙大江边，跃上葱茏四百旋。"以山之势，突兀而起。这是纪实，却把山写活了。一山飞峙，静境动写。这纯然是诗人的感受，是诗人独特的感受。它不但描绘出这山峰的峻峭，而且更加表现了一种突飞猛进的精神，这正是情景交融而铸造的形象。跃上葱茏，以动见静。

"跃"字最值得注意，它使我们感到亲切，感到有生气。在这里写山色的青翠浓茂，写山势的回环崇峻，而用一个"跃"字贯穿起来，山和人，人和山便融为一体了。两句合读，山飞人跃，备极生动，却又峥嵘叠复，郁郁葱葱。多么大的包容量，多么大的概括力！又多么明快，多么雄健！

颔联："冷眼向洋看世界，热风吹雨洒江天。"跃上葱茏之后，便纵览远近，不正面写庐山，却见庐山之高。上句由意造象，下句缘景生情。冷眼，正是鲁迅"横眉冷对千夫指"之冷。看它"小小寰球，有几个苍蝇碰壁"。这虽然是三年后的诗句，也有助于我们理解诗人当年"冷眼向洋"时是以怎样的心情"看世界"的。热风，也是用的鲁迅一本杂文集的题名。鲁迅在《热风》的《题记》中写道："我却觉得周围的空气太寒冽了，我自说我的话，所以反而称之曰热风。"毛泽东此处用"热风"，是取自自然风光，而寓意可能也正是与"寒冽"相反的热情洋溢之谓。郭老说它表现了"挥汗成雨"的"大跃进的气势"。因此，我们说上句由意造象，这象却不是随意与任意创造的，它是先把四海云水、五洲风雷收揽在方寸之中才能造出的；我们说下句缘景生情，这情更不是任何人、任何时间都生得出，它是作者先有了新时代新生活的切身感受充溢胸怀，才能生得出的。

颈联："云横九派浮黄鹤，浪下三吴起白烟。"上联已纵览远近，此联再横观上下，周流环顾，自成文章。这之中，黄鹤、白烟，既均非眼前实物，九派、三吴，也只是史籍记载。非驰骋幻想，不能道及。但这幻想又是有历史的和现实的根据的。这浩瀚的大江形象，是以创造性地运用所储存的历史知识和改造所感知的现实因素为基础而塑造的。而诗人在这个时候，生发出这等雄浑壮丽的想象与联想，则又是为对祖国山河的热爱、对战斗生活的激情所主使，这不是非常显然的吗？

尾联："陶令不知何处去，桃花源里可耕田？"以向陶令设问作结，更是响落天外，隽妙之极。由于陶潜是浔阳人，又常往来庐山，所以后人至此，每每联想起这位诗人，原是很自然的。不过一般总是叹羡他辞

第一编

101

官归隐，清风亮节，高远飘逸，不外士大夫文人的抒情：有谁能够想到陶渊明重返桃花源去呢？其实，毛泽东于此这样设问，乃是基于新时代新生活的现实而发出的带着微笑的想象啊！如今我们伟大祖国既已整个是现代式的桃花源了，陶潜的桃花源想当然也会公社化了吧？因此才问陶令是不是又到桃花源耕田去了呢？无论王维、韦应物，无论韩愈、王安石，无论苏轼、黄庭坚，无论任何古代诗人，都不能发出这等遐想。即如苏轼《和桃花源诗》，强作笑颜，序谓："尝意天壤之间，若此者甚众，不独桃源"，因标举"仇池"，以为"福地"，而究其实也还不过"梦往从之游，神交发吾蔽"。在古代，不具备体现其浪漫主义幻想的现实条件，到头来不是神仙，便是梦幻，东坡居士也仅仅"梦游""神交"而已。可见想象的翅膀也绝非任意地飞举的。至于毛泽东此律，以陶令重耕桃源作结，乃是登高纵目，放眼世界，缅怀祖国的合理的生发。表面上看于全诗是异军突起，戛然独造，实际上是伏线甚密，缩合很紧的。

综读全诗，前后两联，起得突兀有气势，收得完固有神力。中间两联，南北西东，联类而及，远近上下，自然成对。首颔颈尾，层层相生。现实理想，丝丝入扣。由此，我们更可体会出一条有关创作方法的大道理。我们说：革命现实主义必然派生革命浪漫主义，革命浪漫主义又必然加深革命现实主义。革命现实主义是基础，革命浪漫主义是主导。二者的结合，乃是社会主义诗篇的创作原则。

七绝·为女民兵题照

1961 年 2 月

飒爽英姿五尺枪，曙光初照演兵场。

中华儿女多奇志，不爱红装爱武装。

注　释

此诗最早发表于人民文学出版社 1963 年 12 版《毛主席诗词》。

飒爽（sàshuǎng）：豪迈而矫健。

曙光：清晨的日光，比喻已经在望的美好的前景。

时代背景

民兵组织在中国革命史中具有着光荣传统。中国共产党和毛泽东一贯重视建立和发展民兵的工作，这是由毛泽东关于人民战争的一系列理论和我党政策所决定的。这首七绝，是为一张女民兵照片的题词，通过对女民兵的赞美，集中地揭示出中华儿女崭新的精神面貌，更深深地表现出毛泽东对青年一代的热爱、期望和亲切教导。

赏　析

绝句仅仅四句，是小诗，要言简意赅，要"少而精"。摄取生活的片断，抓住瞬间的感受，反映丰富的现实，表现深刻的意义。平常说的"一粒沙中见大千""纳须弥于芥子"，大致就是这个样子。诗小，包容量却要大，这就是绝句的特点。当然，只有好的绝句，才会具有这种特点。

这种特点，在毛泽东此绝句中得到了充分体现。此诗不只是对照片中几位女民兵的赞美，而是对社会主义新中国中新妇女新青年精神面貌的写照。"不爱红装爱武装"，充分地显示了新时代新社会人民大众的美感，形象地揭示出革命现实主义与革命浪漫主义相结合的审美理想。这美感，这审美理想，不是凭空来的，而是生发于战斗的革命主义的世界观。它不是在天空中飘浮的幻想的彩虹，而是从心里喷射的热情的烈焰。这首诗激励了一代代人。20世纪60年代还被谱成歌曲，唱遍全国，妇孺皆知。

七绝·为李进同志题所摄庐山仙人洞照

1961 年 9 月 9 日

暮色苍茫看劲松，乱云飞渡仍从容。

天生一个仙人洞，无限风光在险峰。

注　释

此诗最早发表于 1963 年 12 月版《毛主席诗词》。

庐山仙人洞：在牯岭西，位于佛手岩下，接近顶峰的高崖上。海拔
1049 米，飞崖绝迹，古木撑天。洞是天然生成的，高约两丈，深广各三四丈，
洞中有石建的吕祖龛，龛后有一滴泉，终年点滴，不涸不竭。前人题诗有"石

洞滴甘露，仙崖乐最真"之句。洞的左前方有一巨石，上刻"纵览云飞"四个大字。

时代背景

这首诗是为李进（即江青）所摄庐山仙人洞照片的题词。和《为女民兵题照》相同，也是一首题照绝句。李进的这张照片，曾在1964年1月11日《文汇报》上发表过。郭沫若先生说，李进另送他原照一张。据郭老记载："照片的左下部所显出的是白鹿升仙台上的御碑亭，岩身浓黑。御碑亭之外，高处低处都有葱茏的树木。照片的上部是苍劲的松枝，是近景，可能是罩覆在摄影者的头上的。其余大部分空白是一片云海，在白色的曲折的云涛之中有几团黑色的稠云，像海中的洲岛。我估计：摄影者可能是站在石松上照的。石松离御碑亭与仙人洞都不很远，介在二者之间。石身上刻有'纵览云飞'四字，石面上刻有'豁然贯通'四字。石旁有一株松树。这也是庐山上适于纵目远眺的一个名胜地点。"诗中所写的风物景色，都可以从这记载中找到说明。至于诗中深远的含义，当然不能只从表面上去了解。郭沫若说："诗是1961年9月9日写的，当时美帝国主义和国际反动派的反华大合唱，正甚嚣尘上，国内又连年遭受特大的自然灾害。因此，有个别人对于三面红旗失去信心，并主张对于帝国主义和国际反动派的反抗可以缓和一些，对于被压迫民族的支援可以减少一些。主席在这样的时候，题诗赞扬'暮色苍茫'中的'劲松'，赞扬它在'乱云飞渡'中的'从容'，这是寓有深意的。"这提示是扼要而中肯的。

赏　析

这是一首关于庐山仙人洞的题照绝句，是一首风景诗，仅仅28字，便把庐山悬崖上仙人洞的景色风光描绘出来了，却不曾一一复述照片中所有的景物，诸如白鹿升仙台、御碑亭，以及浓黑的岩山、石洞的滴泉，都没有收进诗篇中。诗篇所着意歌咏的只是那横生洞上的石松。从暮色苍茫中看去，松色苍翠，松枝挺拔；根蟠岩底，矫然凌云，任它"乱云飞渡"、盘旋缭绕，依然从从容容、不惊不动。上句"暮色苍茫看劲松"，一个"劲"字，力扛千钧，松之劲足足能支撑住那苍茫的暮色；下句"乱云飞渡仍从容"，亦是上承"劲"字，"云"之"乱"弥见"松"之"劲"，"乱云"反衬"从容"，更著"劲"节。于此，便使我们恍然领悟到"劲松"不只是仙人洞的风貌，更是仙人洞的精神。读诗至此，绝不仅仅看到仙人洞有限的自然景物，更重要的是受到深刻的人生启示。于是，再深一层点染："天生一个仙人洞，无限风光在险峰。"这是点题，也是纪实，仙人洞本是天然生成，又是生在悬崖高处。但诗句的含义绝不只是照抄现实，它说仙人洞天然生在飞崖绝壁上，而愈是险峻，才愈富风光。这就让上面劲松凌乱云的自然形象更有了精深的哲理的光辉。

卜算子·咏梅

1961 年 12 月

读陆游咏梅词，反其意而用之。

风雨送春归，飞雪迎春到。已是悬崖百丈冰，犹有花枝俏。

俏也不争春，只把春来报。待到山花烂漫时，她在丛中笑。

注 释

此诗最早发表于人民文学出版社 1963 年 12 月版《毛主席诗词》。

卜算子：词牌名。

犹：还，尚且。

俏（qiào）：俊俏，样子好看，动作灵活。

烂漫：颜色鲜明而美丽。

附：陆游作词万余首，咏梅的有百首以上。毛泽东指的是下面一首；

《卜算子·咏梅》

陆游

驿外断桥边，寂寞开无主。已是黄昏独自愁，更著风和雨。

无意苦争春，一任群芳妒。零落成泥辗作尘，只有香如故。

时代背景

毛泽东写出此词，曾先在干部中传阅，用意在鼓励大家敢于蔑视困难，敢于战胜困难。这于写作时间看，就可以推知其时代背景，体会其兴寄所在。1961 年冬，正是帝国主义和各国反动派联合反华、叫嚣闹得正凶的时候，也是我国遭受三年特大自然灾荒、经济上遇到困难的时候。此时，毛泽东写出了《咏梅》词，词中梅花的形象和风格，可以使我们联想到坚持真理英勇卓绝的革命者的高贵品质，它所表现的实际上是无产阶级伟大革命家威武不屈的战斗意志和革命乐观主义精神。

毛泽东此词的写作，是"读陆游咏梅词，反其意而用之"。我们知道，陆游很爱梅花，在《剑南诗稿》和《剑南文集》中咏梅诗词不下百首。他曾幻想："何方可化身千亿？一树梅花一放翁。"（《梅花绝句》）他曾对梅花礼赞说："雪虐风饕愈凛然，花中气节最高坚。"（《落梅》）又说："高标逸韵君知否？正在层冰积雪时。"（《梅花绝句》）而陆游所谓高坚，所谓高标逸韵，其实际内容则是孤傲，其诗的基本风调则是寄托孤芳。关于陆游的《卜算子·咏梅》词，近人朱东润说："此词不知何年作。这首词是咏物，同时也是言志。作者把梅花自比，指出经过任何挫折，芬芳的本质是不可改变的。乾道九年（1173）陆游《言怀》（《诗稿》卷四）自言：'兰碎作香尘，竹破成直纹。炎火炽昆冈，美玉不受焚。'这是乾道八年调出南郑以后的作品，正符合那时陆游的心境。可能这首词是同一年作的。"（《陆游选集》）按：乾道九年，陆游 49 岁，咏梅词是否作于这一年，虽未能定，而其情调与此年所作"兰碎作香尘"的《言怀》诗确是一致的。郭沫若则以为作于淳熙四年（1177）、陆游53岁时。他举出这一年所作的《城南王氏庄寻梅》一诗作证。诗曰："涧池积槁叶，茆屋围疏篱。可怜庭中梅，开尽无人知。寂寞终自香，孤贞见幽姿。雪点满绿苔，零落尚尔奇。我来不须晴，微雨正相宜。临风两愁绝，日暮倚筇枝。"诗与词的意境完全相同，词是从诗的基础上提炼或者升华出来的（《待到山花烂漫时》）。所以毛泽东"读陆游咏梅词，反其意而用之"，毛泽东词的格调就高得多了。毛泽东词中树立起了伟大的国际主义战士的英雄形象，创造出了时代先驱者的崇高意境。文辞俏丽，意旨蕴藉，而又极天下之刚健，使人百读不厌，越咀嚼越有味。

赏　析

咏梅，历来是极熟的题目，傲雪凌霜，暗香疏影，出身于士大夫的文人，或抒幽愤，或鸣清高，或表疏狂，或寄忧愁，总是极容易在寒梅这一自然形象中发现这些性格与精神的。这就决定了他们为什么"中庭杂树多，偏为梅咨嗟"。陆游的《卜算子·咏梅》词，就是其中的一篇。如前所述，在词中，表现了坚贞，表现了高标逸韵，是有一定积极意义；但是作为士大夫的诗人，只能孤芳自赏，不免顾影自怜，从而也就流露着感伤，表现出脆弱。到毛泽东"读陆游咏梅词，反其意而用之"，这才一下子把这个极熟的题目引进到一个崭新的崇高的境界当中。"才华信美多娇，看千古词人共折腰。"这话于此又得一证。

试想想看，"风雨送春归"，古人对此，曾发出多少感慨，流过多少眼泪！而在这里则只是一个衬笔，略不费力，便收转回来："飞雪迎春到。"是啊，春长驻人间。春象征着光明，象征着生机，象征着革命带来的希望。而春到人间，则是飞雪把它迎来的。这是北国的新春，虽然"大地微微暖气吹"，仍有"高天滚滚寒流急"，一开始就给人一种挺拔严峻的感觉。这气氛同梅的俏丽是十分协调的。不是在寂寞断桥边，不是在风雨黄昏里，瞧吧："已是悬崖百丈冰，犹有花枝俏。"这梅花乃是挺俏于悬崖百丈冰前。这不是"无限风光在险峰"的境界吗?百丈冰是寒威,花枝俏则是对寒威的蔑视、反抗、示威、挑战。不仅如此,更进一层的胜境还在下面。不是"无意苦争春",而是"俏也不争春";不是"一任群芳妒",而是"只把春来报"。把春来报,是报被那"悬崖百丈冰"所遮断的春消息,这正是蔑视、反抗、示威、挑战的具体表现。陆词:"无意苦争春,一任群芳妒",还是酸溜溜的,心头横塞着一个不合时宜的"我"字;而"俏也不争春,只把春来报",则是心里干净净的,眼前亮堂堂的,全神注望着大众,注望着未来。一是失意者的自慰解嘲,一是革命家的高瞻远瞩,其结果自然是不同的。失意者,"零落成泥碾作尘,只有香如故。"顾影自怜,孤芳自赏。革命家,"待到山花烂漫时,她在丛中笑。"为民先锋,与民同乐。正是如此:等到大地春回,百花齐放,梅子便掩映在众花丛中,和众芳同笑,"摇荡春风媚春日"。既在群众之前,"只把春来报",又在群众之中,"她在丛中笑"。多么伟大崇高的革命家和时代先驱的艺术形象啊!

七律·冬云

1962 年 12 月 26 日

雪压冬云白絮飞，万花纷谢一时稀。

高天滚滚寒流急，大地微微暖气吹。

独有英雄驱虎豹，更无豪杰怕熊罴。

梅花欢喜漫天雪，冻死苍蝇未足奇。

注 释

此诗最早发表于人民文学出版社 1963 年 12 月版《毛主席诗词》。

罴（pí）：棕熊，或称人熊，比熊大。

时代背景

全诗描写的是冬景，寄托的是时事。1962 年冬，在国内，刚经历了三年特大灾荒；在国外，正鼓噪着一片反华之声。表面上看，似乎处在困难时期，正是隆冬的样子。软弱的人经受不住这种严峻的考验是不足奇怪的；真正的革命者则更加意气风发，斗志昂扬，因为斗争就是最大的快乐。而且，假如冬天到了，春天还会远吗？这就是此诗的旨意。

赏　析

吴乔《围炉诗话》论作诗之法，曰："心不孤起，仗境方生。"又曰："诗而有境有情，则自有人在其中。"又曰："唐人以诗为诗，宋人以文为诗。唐诗主于达性情，故于三百篇近；宋诗主于发议论，故于三百篇远。"

是的，作诗必须有境，有境才有情，有情才有人。有人者，即达性情也。达性情，不必与发议论对立起来。但由达性情而发议论，便是以诗为诗；如由发议论而达性情，便是以文为诗了。

毛泽东此诗，本是一段大议论，却借冬景的描写来抒发。这就叫比兴。有比兴则自有高义，自成高格。我们读此诗，首先看到的是一幅严冬雪景。一加深思，才体悟到还包含着一段大道理。这是高度艺术性与深刻思想性的统一。

形象总是具体的、个别的、感性的，思想总是抽象的、一般的、理性的。艺术总是通过具体反映抽象，通过个别反映一般，通过感性反映理念，亦即通过形象反映思想。对生活作现实主义的艺术概括，始终是揭露、发现和显示生活本身所包含的真实、生活的逻辑，它的深刻的规律、它的一般和本质的东西；不是把抽象的普遍思想象征化，不是用个别例子、具体的事物来图解这种普遍思想，而是在个别中和通过个别来显示一般，这就是现实主义原则。《冬云》就是冬之歌，它描写的对象是冬，冬的自然现象与冬的生活现象构成诗的形象，这形象是完整的、统一的。通过对具体的冬的形象塑造，从而揭示和显现了一般和普遍真理，这就是通过感性形象来表现理念思想。

当然，诗是作于 12 月，正是在隆冬，诗人确乎有着冬的感受，并经过想象与联想，从中发现和悟出了普遍的生活意义。但作为具体的感性事物、单纯的外在自然，冬并不具备情感和思想。只有在无限复杂的冬的现实中，经过诗人的选择、提炼、加工而塑造为艺术形象，这形象虽然仍是具体的、个别的、感性的，却揭示了本质，显现了普遍和一般，表现了理念。这是由于诗人根据一定的世界观来反映客观世界，反映具体现实的结果。如果仅仅是揭示冬的自然属性、它的规律性、它的本质，那就是自然科学，如历法、气象学。在自然科学中看不出科学家的观点、情绪、同情或憎恶，如在哥白尼的日心说中，在牛顿的万有引力定律中，看不出哥白尼和牛顿的观点、情绪、同情或憎恶；但在艺术作品中则必然表现艺术家的观点、情绪、同情或憎恶。《冬云》一诗之所以具有强烈的战斗性和深刻的革命意义，正是由于诗人的主观世界中具有这些思想感情的缘故。而诗人的主观世界则又是基于一定社会现实生活所形成的，是在不断改造客观世界的过程中不断发展变化的。因此，诗主达性情，而诗的特征则同一切艺术作品一样是对现实的反映；同时，这反映又必是通过具体反映抽象，通过个别反映一般，通过感性反映理念，通过形象反映思想。不加深思，往往会把达性情与反映现实对立起来，那就错了。这就是说，诗的创作，和一切艺术的创作一样，是现实的反映，而在反映中就包含着评价，这评价就是达性情，再通过达性情而发议论。这一切原是统一的。这也就是艺术与科学的统一，这是诗的极致。读《冬云》，更能加深我们这种理解与认识。

毛泽东写这首诗时正好是他的 69 岁生日。这一年国际国内形势依然严峻，一面是严寒的冬天在恣意横行（其实正值隆冬，属写实，但实景中蕴含了作者的思想感情，以景寓情，作者再次抒发"无限风光在险峰"般的豪情），一面是国际上各种反动派在咆哮反华。在诗中，作者形象地展现了这种"黑云压城城欲摧"的紧迫状况。

"雪压冬云白絮飞，万花纷谢一时稀"萧条之冬景赫然立于眼前，大雪横飞，乌云滚滚，万花凋零，客观描写反动派暂时的不可一世。

"高天滚滚寒流急，大地微微暖气吹"让严峻局面中微露春光。冬天湍急的寒流终会过去，朗朗的春天即将到来。

"独有英雄驱虎豹，更无豪杰怕熊罴"尽显作者英迈豪气。一个"独"字展示了要以大无畏的英雄气概独驱一切"虎豹豺狼"。

"梅花喜欢漫天雪，冻死苍蝇未足奇"，最寒冷的季节独傲霜雪的梅花，正象征诗人及中国人民不屈不挠的斗志和高洁精神。面对漫天大雪，梅花欢喜得很，根本就不怕严寒。革命浪漫主义的无限壮美的情怀洋溢字里行间。

满江红·和郭沫若同志

1963 年 1 月 9 日

　　小小寰球，有几个苍蝇碰壁。嗡嗡叫，几声凄厉，几声抽泣。

蚂蚁缘槐夸大国，蚍蜉撼树谈何易。正西风落叶下长安，飞鸣镝。

　　多少事，从来急；天地转，光阴迫。一万年太久，只争朝夕。

四海翻腾云水怒，五洲震荡风雷激。要扫除一切害人虫，全无敌。

〔附〕柳亚子《浣沙溪》

满江红

　　沧海横流，方显出英雄本色。人六亿，加强团结，坚持原则。

天垮下来擎得起，世披靡矣扶之直。听雄鸡一唱遍寰中，东方白。

　　太阳出，冰山滴；真金在，岂销铄？有雄文四卷，为民立极。

桀犬吠尧堪笑止，泥牛入海无消息。迎东风革命展红旗，乾坤赤。

注　释

此词最早发表在人民文学出版社 1963 年 12 月版《毛主席诗词》。

寰球：整个地球，全世界。也作环球。寰（huán），广大的地域。

蚂蚁缘槐夸大国：唐李公佐《南柯太守传》载，有个叫淳于棼的人，一天喝醉梦见自己在"大槐安国"当了驸马，做了南柯郡太守，醒来才知是梦。后来他在屋后发现一个白蚁穴，原来这就是"大槐安国"。

蚍蜉撼树谈何易：唐韩愈《调张籍》："蚍蜉撼大树，可笑不自量。"

西风落叶下长安：唐贾岛《忆上吴处士》："闽国扬帆去，蟾蜍亏复圆。秋风生渭水，落叶下长安。"

鸣镝：响箭，汉代时期匈奴的武器。古喻落叶如中箭败阵。

时代背景

20 世纪 50 年代末到 60 年代初期，世界局势动荡，国际共产主义运动中的思想分歧不断加剧、激化。以赫鲁晓夫为首的苏联共产党领导集团在对外关系上奉行霸权主义，热衷于和美国做政治买卖，而对坚持原则的中国共产党采用阴谋手段，发动突然袭击，并将苏中两党的分歧扩大到国家关系方面。他们撕毁合同，撤走专家，断绝援助，挑起边界纠纷，妄图通过政治和经济的巨大压力，迫使中国共产党放弃原则立场，顺从其大国沙文主义的意志。"沧海横流，方显出英雄本色"，面对来自西伯利亚的滚滚寒流，以毛泽东为首的中国共产党人高举马列主义旗帜，同国际上的反共、反华、反社会主义的逆流进行了毫不妥协的坚决斗争。这首词就写于那场大规模的公开论战前夕。

这是一首政治抒情诗，背景从写作时间上可以推知。1963 年 1 月间，正是蚂蚁、蚍蜉之类蠢蠢滚动，气势汹汹之时；有些红头苍蝇，也在指挥棒下，经过精心策划，嗡嗡乱叫。他们共同的作为，就是给帝国主义帮腔，进行反华叫嚣。于此，我们无须赘述。在当时，郭沫若写了一首《满江红》词，对这股逆流作了正面的揭露和批判。毛泽东此词，便是为和郭沫若而作的。本来郭词写得理直气壮，富有激情，是一首好词；词中所用两事：（一）"桀犬吠尧"，见邹阳《狱中上吴王书》："桀之犬可使吠尧，而跖之客可使刺由。"因假为恶人诽谤好人之喻。（二）"泥牛入海"，见《传灯录》："洞山问龙山和尚：是什么道理便住此山？师云：我见两个泥牛，见入海，直至如今无消息。"因借为一去不复返之喻，喻意都极切合实际。不过，于无意间却似乎把反动派的声势过分看重了些："沧海横流""天垮下来""世披靡矣"，未免有所夸大。毛泽东的和词，便是针对这一点而发的。诗人高仰着时代巨人的头，对那几伙苍蝇、蚂蚁、蚍蜉等害人虫，投以蔑视的目光，给以憎恶的申斥，意气峥嵘，大义凛然，发出了战斗的号召，显示了胜利的信心。

赏　析

词以"小小寰球"起笔，气势恢宏，境界壮阔。在浩瀚无垠的茫茫宇宙中，地球不过是一个小而又小的行星而已。这种化大为小的空间压缩，显示了作者在青年时期就有的"丈夫何事足萦怀，要将宇宙看稊米"（《七古·送纵宇一郎东行》）的雄伟气魄和包容日月星辰的寥廓胸怀。地球尚且小，那么几个碰壁的苍蝇就更加渺小了，微不足道矣。作者将国际上那些猖狂反华，群聚起哄的丑类视作嗜腥逐臭、见粪下蛆的苍蝇，其鄙夷、轻蔑、厌恶、嘲讽之情意溢于言表。将"苍蝇"数量缩小为"几个"，以状其虚张声势、极其孤立的处境。而"碰壁"二字，既喻其逆历史潮流而动的蠢举，又隐喻其必然败亡的命运，可谓一庄一谐，相映成趣。作者似立于天宇苍穹，俯视尘寰，以沉稳、傲岸、泰然之态度姑且作冷眼观，且看"苍蝇"如何动弹，如何表演，成何气候。"嗡嗡叫"三句承"碰壁"而来，以声状神，以听觉形象充实视觉形象，生动地描画出那些"苍蝇"们喧嚣起哄，声嘶力竭，却累遭碰壁，断股折翼，穷途末路，向隅哭泣的无奈之状。

"蚂蚁"两句仍以夸张和比喻手法，化用典故，引申发挥，勾勒霸权主义者可鄙、可惜、可厌、可笑的丑态。前一句典出唐人李公佐所撰《南柯太守传》，故事的本意是希望那些窃踞高位者引以为戒，"幸以南柯为偶然，无以名位骄于天壤间"。毛泽东则借以讽刺赫鲁晓夫们依仗其大党大国的地位，自吹自擂，为所欲为，顽固推行大国沙文主义，打着少数超级大国首脑主宰世界命运的如意算盘，不过是蛰身蚁穴中做着一厢情愿且倏忽短暂的南柯梦而已，其下场也必然将如"大槐安国"里的蚂蚁一样，终被世界革命的风暴所吞没。"蚍蜉"句则化用唐人韩愈诗句，赋予新意，嘲笑国际反华势力对中国共产党和社会主义中国的种种诽谤、中伤、诋毁、讹诈，都如蚍蜉想摇撼大树一样不自量力，愚妄可笑，枉费心机。

苍蝇、蚂蚁、蚍蜉们虽也曾猖狂一时，奈何秋风意起，枯叶飘飞，"悲哉秋之为气也，萧瑟兮草木摇落而变衰。"（宋玉《九辩》）虫豸们气数已尽，末日将临。"正西风落叶下长安"，又化用唐诗以渲染霸权主义者们萧条凄凉的处境。而这时，我方声讨他们的响箭已发出呼啸。"飞鸣镝"三字，简括遒劲，声形并茂，写出我方反击赫鲁晓夫集团的批判文章如响箭般风驰电掣、腾空疾飞、锐不可当的凌厉之势，同时也为词的过阕作了有力的铺垫。

换头后六句，承上结"飞鸣镝"的意脉，一气贯通，节奏一反上片的从容舒缓，变得紧凑急促。作者站在历史、时代和宇宙的高度看待这场论战，通过急速变化的时空交互映衬，表现出一种力挽狂澜的胆魄、一种义无反顾的决断、一种急昂奋进的斗志。"多少事，从来急；天地转，光阴迫。"四个整齐的三字短句，笔力雄悍，似铜板铁琶，促节铿锵；如黄钟大吕，巨声镗鞳。"一万年太久，只争朝夕"则点明这场论战的必要性和迫切性。"难关须突破，诡辩怕公评"（谢觉哉《北戴河海滨》诗）。事关大是大非的原则问题势在必争，刻不容缓，不能坐待历史作出结论，而必须积极主动地迎接挑战，争取时间，以加速世界革命的历史进程。"我们正处于世界革命的一个新的伟大时代。亚洲、美洲、拉丁美洲的革命风暴，定将给整个旧世界以决定性的摧毁的打击。"（毛泽东《致阿尔巴尼亚劳动党第五次代表大会的贺电》）国家要独立，民族要解放，人民要革命，已成为不可阻挡的历史潮流。"四海翻腾云水怒，五洲震荡风雷激"一联正是对当时世界革命形势的艺术概括和乐观展望。这两句对仗工稳，自然浑成，境界壮阔，气势磅礴。作者大匠运斧，汇正天地海陆、风云雷电于笔下，形成排山倒海、雷霆万钧之力，动人心魄、令人鼓舞、催人奋进。至此，词情已被推向了最高潮，终于引发出高亢激越、斩钉截铁的誓言："要扫除一切害人虫，全无敌。"这里的"一切害人虫"与《国际歌》中的"毒蛇猛兽"是同义语，"一旦把他们消灭干净，鲜红的太阳照遍全球"！

　　这首词自始至终贯穿着反帝反霸、捍卫马列主义和无产阶级国际主义的思想意志。上阕多用典故，对霸权主义者的反华行径予以嘲讽、揭露和鞭策，笔调冷峻而不乏诙谐。下阕则"高吟肺腑走风雷"，融写景、抒情、议论于一炉，热情歌颂风起云涌的世界革命，风格雄浑壮伟。上下阕浑然一体，形成大开大合、波澜起伏的艺术特点，表现出一种至大至刚的气概之美。无论从内容上看，还是从艺术上讲，都称得上是毛泽东的巅峰之作。

七律·吊罗荣桓同志

1963 年 12 月

记得当年草上飞，红军队里每相违。

长征不是难堪日，战锦方为大问题。

斥鷃每闻欺大鸟，昆鸡长笑老鹰非。

君今不幸离人世，国有疑难可问谁？

注　释

这首诗 1978 年发表时所署写作时间，是根据原在毛泽东身边做医护工作并曾帮他保存诗稿的同志的回忆而署的。

记得当年草上飞：这句借用传为唐朝黄巢《自题像》诗句。草上飞，指红军在战争中行动迅速。

每相违：常有不同意见的争论。

长征不是难堪日，战锦方为大问题：1935年1月遵义会议后，毛泽东在贵州、四川境内率领中央红军迂回作战，四渡赤水，出敌不意地威逼贵阳转入云南，胜利地渡过金沙江，从而摆脱追堵的几十万敌军。在迂回过程中，部队经常需要急行军。林彪曾在同年5月在四川南部会理城郊召集的中共中央政治局会议前夜写信给中央革命军事委员会，认为这样"走弓背路"要"拖垮军队"，要求改变军委领导。林的这个要求被政治局会议完全拒绝。这个问题的解决没有遇到什么困难。"战锦"是指1948年9、10月间攻打锦州，即辽沈战役的第一个和关键性的大仗。毛泽东在9月7日为中央军委写的给林彪、罗荣桓等的电报（见《毛泽东选集》第四卷）早已详细说明攻打锦州的重大意义和同先打长春的利害得失的比较，但林彪仍然找出种种理由来一再反对。罗荣桓是主张执行中央军委和毛泽东的战略决策的，所以诗中特意提及。

斥鷃每闻欺大鸟：斥鷃（yàn），蓬间雀，在蓬蒿中飞起来不过几尺高。《庄子·逍遥游》说，斥鷃笑鹏鸟飞得太高，认为自己在蓬蒿中飞翔，也是飞得最好了。

昆鸡长笑老鹰非：昆鸡，古说即鹍鸡或鶤鸡，一种大鸡。《尔雅·释畜》："鸡三尺为鶤。"俄国克雷洛夫寓言《鹰和鸡》中写到，鹰因为低飞而受到鸡的耻笑，认为鹰飞得跟鸡一样低；鹰答道：鹰有时比鸡还飞得低，但鸡永远不能飞得像鹰那样高。

时代背景

罗荣桓（1902—1963），湖南衡山人。1927年加入中国共产主义青年团，同年转为中共党员。8月，参加领导鄂南秋收暴动。9月，参加毛泽东领导的湘赣边界秋收起义。历任红军连、营、纵队党代表。1930年任红四军政委。1932年任红一军团政治部主任。1933年起，先后调任江西军区政治部主任、红军总政治部巡视员等。长征后期于1935年9月任红一军团政治部副主任。1937年任红军后方政治部主任。抗日战争时期，历任八路军——五师政治部主任、政委兼代理师长，山东军区司令员兼政委，中共中央山东分局书记。解放战争时期，历任东北民主联军副政委、东北人民解放军政委、第四野战军第一政委。新中国成立后，历任中央人民政府委员、最高人民检察署检察长、解放军总政治部主任、国防委员会副主席等。在第一、二届全国人大会议上当选为人大常委会副委员长，在党的七大、八大上当选为中央委员，在党的八届一中全会上当选为中央政治局委员。他一生忠于党，忠于人民，为中国人民的解放事业特别是为中国人民解放军的政治工作作出了重大贡献。因积劳成疾，1963年12月16日，罗荣桓不幸病逝于北京。当噩耗传来时，中共中央政治局常委正在开会，毛泽东带头起立默哀。默哀后，他说：罗荣桓同志逝世了，一个人数十年如一日，忠于党的路线，很不容易啊！会议结束后，毛泽东亲莅医院向罗荣桓遗体告别。本篇首次公开发表于1978年9月9日《人民日报》。

赏　析

诗从回忆往事说到当前。"记得当年草上飞"，突出英勇善战，亦见活泼性情。"红军队里每相违"，突出路线斗争觉悟，亦见形违而神合。两句说来好像全不着意，在辗转反侧、寤寐思服中，该是想了多少是是非非啊！"长征不是难堪日"，突出战胜困难的革命乐观主义精神，实则作为出句，在此只是衬笔，意在引起下文。"战锦方为大问题"，突出在关键时刻共成大业，克服困难。这是令老战友感触最深、永生不忘的。这些都是往事，平平道出，却暗含着无限感慨。就说颔联"长征""战锦"两句，特别下句"方为大问题"，这之中到底在说什么，便有不少读者曾作出种种猜测。其实从平实的角度看去，无非是说长征是伟大的，但比较起来，那时经历的一切艰难困苦还不算顶难堪难忍的，1948年攻打锦州之战，能否取胜，才是中国革命进程中的重大问题。为什么？因为解放战争打到这时候，已经到了进行战略决战的阶段，中国的历史发展到了一个转折点。如在笺注中已曾约略说到的，辽沈、平津、淮海三大战役获得胜利，实现了这个伟大的转折，而三大战役以辽沈战役为发端，辽沈战役又以攻打锦州为最关键的一仗。这就意味着攻打锦州乃直奔夺取全国胜利之战。"战锦"能否成功就自然"方为大问题"了。诗人于此没有明提罗荣桓，正如上句"长征"也没有明提一样。但这两句却都是在缅怀故人时方想到的，当然是说我们共同走过了这些道路，渡过这些难关，完成了这些事业。往事与故人，故人与往事，在感情中融合成一体了。

在这里于悼念亡友之际，怎么忽然又提说起这个"大论战"来呢？这是因为在当时这个大论战又"为大问题"了。诗人缅怀故人，实际上是从红军暴动、长征抗日、解放战争这个大的历史轮廓来叙说的，此之谓其人其事，其事其人，老战友相信赖、相追随，岂不都是在这中国革命历史道路上一个阶段一个阶段走过来的？如今正在进行着的便是这个反修正主义大论战。如果说"国有疑难"，而今主要便是在这关口上。因此才浩然长叹："君今不幸离人世，国有疑难可问谁？"这自是悼念亡友，加重语气来说的，益见其沉痛耳。有的读者说往事历历，引发了诗人的无限感慨；后四句遂从历史跨入现实，愈加深深陷入悼念之情。须知这里并非意在评论是非，而是讲述党和国家的现实处境。这恰是为悼念逝者盘空蓄势，乃正是从回忆历史谈到当前，在这严峻的时刻，更需要杰出帅才，更需要久经考验富有才德阅识的老战友，而今往后，遇到问题，还怎能找你去商量啊！诗中最后这一呼问，虽是直陈，却包容着巨大的艺术效果，把前面貌若一般叙事，尽与悼念逝者联系起来，既明白表达了诗人深深的沉痛之情，又含蓄而充分地表现了罗荣桓具有高度的智慧和才能。当我们掩卷沉思，愈加感到逝者高大形象的光彩照人，诗人悼念之情的深刻真挚。

贺新郎·读史

1964 年春

人猿相揖别，只几个石头磨过，小儿时节。铜铁炉中翻火焰，为问何时猜得，不过几千寒热。人世难逢开口笑，上疆场彼此弯弓月。流遍了，郊原血。

一篇读罢头飞雪，但记得斑斑点点，几行陈迹。五帝三皇神圣事，骗了无涯过客。有多少风流人物？盗跖庄屩流誉后，更陈王奋起挥黄钺。歌未竟，东方白。

注 释

人世难逢开口笑：唐杜牧《九日齐山登高》有"尘世难逢开口笑，菊花须插满头归"，语出《庄子·盗跖》："人上寿百岁，中寿八十，下寿六十，除病瘦死伤忧患，其中开口而笑者，一月之中，不过四五日而已。"

盗跖庄蹻：盗跖是春秋战国间的大盗；庄蹻是战国楚人。《荀子·议兵》："庄蹻起，楚分而为三四。"

陈王：秦末农民起义领袖陈胜。

黄钺：用黄金装饰的斧子，象征帝王权力《书·牧誓》："王左仗黄钺，右秉白旄以麾。"

时代背景

此词调寄《贺新郎》，题标读史。首次发表于 1978 年《红旗》第 9 期。"1964 年春"是这首词发表时所署写作时间，乃根据原在毛泽东身边做医护工作并帮他保存诗稿的同志的回忆。1964 年春，我国人民经过艰苦奋斗，渡过三年经济困难时期，在政治、经济、思想、文化、科技、军事战线上均呈现一派生机勃勃、欣欣向荣的景象，举世瞩目。面对大好形势，毛泽东展读史籍，纵览万古，雄视千秋，在高度概括人类发展历史的同时，更借古颂今，书写了这首时空跨度极大的《贺新郎》。

水调歌头·重上井冈山

1965 年 5 月

久有凌云志，重上井冈山。千里来寻故地，旧貌变新颜。到处莺歌燕舞，更有潺潺流水，高路入云端。过了黄洋界，险处不须看。

风雷动，旌旗奋，是人寰。三十八年过去，弹指一挥间。可上九天揽月，可下五洋捉鳖，谈笑凯歌还。世上无难事，只要肯登攀。

时代背景

1927 年 10 月，毛泽东率秋收起义的工农革命军来到井冈山，开辟了中国第一块农村革命根据地。1929 年 1 月，他和朱德、陈毅等率红四军主力出击赣南，自此与井冈山阔别 30 多年之久。1965 年 5 月 22 日至 29 日，毛泽东在巡视大江南的过程中重上井冈山。这期间，他居住在茨坪，视察和了解了井冈山地区的水利、公路建设和人民生活状况，会见了老红军、烈士家属、机关干部和各界群众。25 日，赋此词抒感写怀。本篇首次公开发表于《诗刊》1976 年 1 月号。

赏 析

1965 年 5 月，伟大诗人方年逾古稀，精力依然健旺，巡视大江南北，注目世界东西，日理万机，公务繁忙。仔细品读，诗境圆熟到炉火纯青。上阕叙事写景，下片抒情言志。通首诗情澎湃，格调清新，气势磅礴，意境深远。全词如行云流水，浑然天成；语言明丽，情景交融。诚如王国维《人间词话》中所说："大家之作，其言情也必沁人心脾，其写景也必豁人耳目，其辞脱口而出无矫揉装束之态。以其所见之真，所知之深也。"而其见真知深，仍还有待吟咏而耐人体味，这便正是于平易中寄寓遥深吧。

"久有凌云志，重上井冈山。"首句破空而来，气魄非凡，有如刘熙载《艺概》所说："其妙在笔未到而气已吞。"写出了革命家意志的高旷。"凌云志"，借状井冈山势的巍峨，衬托诗人境界的崇高，此自一读可见。而再读则便感到旨意当不止此，似应更着眼在"重上"两字。"重上井冈山"，井冈山自是实境，下面接着说的便是。但同时是否亦在虚化，变作了一个意象？它不就是改天换日大震荡的象征吗？诚哉！"看似寻常却奇崛"，两句明明白白的话，却在我们眼前恍惚展开一个广阔的意境。但纵马收缰，全不费力便再回到现场："千里来寻故地，旧貌换新颜。"真个是不似当年，胜似当年。看这里到处是"莺歌燕舞"，而不是"鲲鹏展翅"，不是"鹰击长空"；到处是"潺潺流水"，而不是"水拍云崖"，不是"浪遏飞舟"。

在这赏心悦耳中，更飞驰在"高路入云端"，这就于欢快中更抒发了豪情，于轻松间更透露出壮志。于是，"过了黄洋界，险处不须看"。这是何等的豪壮！这里所强调的当然并不仅仅是黄洋界之险，实际上更是对一切艰难险阻的蔑视。"不须看"三字，轻轻道出，从这种语气中可以想见其气概。"风雷动，旌旗奋，是人寰"三个短句，一气读来，凝聚有力，铿锵有声。这不是故地新颜，而是站在故地上又面对神州大地，思绪如潮，回忆当年。打从井冈山起步，"红旗跃进汀江，直下龙岩上杭"；武夷山下，"风展红旗如画"；广昌路上，"风卷红旗过大关"；龙岗之战，"不周山下红旗乱"；直到"六盘山上高峰，红旗漫卷西风"……红旗从南打到北，又从北打到南，打到"百万雄师过大江"，又打到"一唱雄鸡天下白"，打断了中国人民身上的铁链，打出了一个崭新的中华人民共和国。从井冈山打到天安门，是一条胜利的道路，也是一条漫长的道路，一条艰苦而曲折的道路。诗人曾在一首词的自注中说："万里长征，千回百折，顺利少于困难不知有多少倍，心情是沉郁的。过了岷山，豁然开朗，转化到了反面，柳暗花明又一村了。"其实这自然也概括了中国革命的整个历程。谁能指得出，在中国革命的整个历程中，是在哪里"过了岷山"的？是不是"战锦方为大问题"呢？总之，革命毕竟胜利了，人民毕竟解放了。到而今，经历了"风雷动，旌旗奋，是人寰"，已是"三十八年过去"，不觉地"弹指一挥间"啊！路漫漫其修远兮，革命者还将上下而求索。于是，"可上九天揽月，可下五洋捉鳖，谈笑凯歌还"。这就不限于回瞻，而且转向展望了。自自然然生发出充满哲理意味，且表现出无坚不摧胜利信心的总结："世上无难事，只要肯登攀。"

试截取首尾四句一读："久有凌云志，重上井冈山。世上无难事，只要肯登攀。"岂非一首完整的五言古绝？那么，这个化作意象的"井冈山"，自然已经冲出罗霄山脉，而下通五洋，上达九天了。

诗人程光锐曾以"凌云一曲意纵横"相赏鉴，其言略谓：《水调歌头》词调基本以五字句组成，其中间以三字和六字句，节奏于轻快流利中又有回环起伏。填写得挥洒自如，妙笔生花。写景则信手拈来，"莺歌燕舞""潺潺流水", 有声有色, 活泼生动; 言情则重彩绘出, "风雷动, 旌旗奋, 是人寰", 波诡云谲, 壮阔遥深。词的开头奇崛, 结尾警策。"久有凌云志" 笼罩全篇, 中间的"高路入云端"与"九天揽月""五洋捉鳖"一再重复, 以加深"凌云志"给人的印象。最后以"世上无难事, 只要肯登攀"回应词首, 强调主题。

　　全词有如一部交响曲, 前部舒缓, 后部激越。随着词调的进展, 境界不断开阔, 意义不断加深, 声调逐步上升, 结尾达到高潮, 轰然震响, 余音绕梁。它给人以希望与信心, 给人以勇气和力量, 鼓舞人们树立凌云壮志, 勇敢地攀登壮丽事业的高峰。信哉, 如能单独沉浸在这部大手笔的交响曲中, 确实人人都得分享恁般审美愉悦。

念奴娇·鸟儿问答

1965 年秋

鲲鹏展翅，九万里，翻动扶摇羊角。背负青天朝下看，都是人间城郭。炮火连天，弹痕遍地，吓倒蓬间雀。怎么得了，哎呀我要飞跃。

借问君去何方？雀儿答道；有仙山琼阁。不见前年秋月朗，订了三家条约。还有吃的，土豆烧熟了，再加牛肉。不须放屁，试看天地翻覆。

时代背景

此词采用寓言形式，通过大鹏鸟和蓬间雀的问答对话，批判国际上某些人在世界革命战争与和平等问题上的机会主义观点。历史背景是："加勒比海危机"之后，赫鲁晓夫集团被美帝核讹诈吓破了胆。他们一方面不惜牺牲原则向美帝乞求和平，一方面到处散布核战争恐怖论调，说自从核武器出现以后，人类生活在"一个装满热核武器的火药桶里"。说"原子弹不遵循阶级原则"，"不会辨别帝国主义者在什么地方，而劳动人民又在什么地方"。今天的人类处境"就像一个被处死刑的人头上悬着断头台的铡刀的情形，这个人只好躺在那里等着，不知什么时候这把铡刀会落下来把他的头砍掉"。他们还害怕一切战争，说"任何一个小小的局部战争，都会成为引起世界大战的火灾的星星之火"。还哀嚎："脑袋掉了，原则有什么用？"1963 年 6 月 14 日，中共中央致信苏共中央，提出《关于国际共产主义运动的总路线的建议》，赫鲁晓夫完全不能接受。《鸟儿问答》即以寓言形式概括反映了这场大辩论。本篇公开发表于《诗刊》1976 年 1 月号。

赏　析

《念奴娇·鸟儿问答》这首词，无论在主题方面，还是在体裁方面，都是独具特色的。它庄重、雄浑，又诙谐、幽默，也很辛辣。通篇借用庄子《逍遥游》中关于鲲鹏和斥鷃的寓言，却作了创造性的发挥，赋予这个典故以崭新的意义。

作为政论，已经是历史课题。我们而今似已不必再纠缠不放，且更无缘亦无须再重新挑起。但作为诗篇，作为诗人，则于此仍可悟得许多道理，而且它是永具不朽生命的。曾被恩格斯称为"天才的预言家"的英国 19 世纪诗坛巨星雪莱说过："诗人和哲学家、画家、雕刻家、音乐家一样，在一种意义上是他们时代的创造者，在另一种意义上又是他们时代的创造物。"（《解放了的普罗米修斯》）诗人，即使是伟大的诗人，也不能超脱他所生活的时代。我们可以站在今天的高度审视评论历史，但却不可以以超越当时的客观环境去苛求诗人。诗如其人，作为20世纪在国际斗争中有崇高威望和巨大影响的大政治家和大战略家，毛泽东在任何时候也不曾感到无所事事、无可作为，不曾感到他所置身的这个世界会有一天是真正消停的。这是他终生都在坚信的"斗争哲学"在起作用。可是他还有一个特点："不怕！""不怕压，不怕迫。不怕刀，不怕戟。不怕鬼，不怕魅。不怕帝，不怕贼。"对于原子弹，他说："不怕纸老虎"；对于战争，他讲过："我们有两条：第一反对，第二不怕。"我们可以设想，这些就是幻化出鲲鹏与蓬间雀两种截然不同形象的思想渊源吧。假如说，精神是物质的异化，生命的升华，那么艺术或诗则是精神的结晶与复归，是物化了的生命，所以它是活的，有体温和呼吸的，它的音容笑貌可以突破时代局限，永具不朽的魅力。这就是为什么在我们初读《念奴娇·鸟儿问答》，甚或可能引起某种不顺适感；但反复读过，反复驰想，如果认真运用或通过形象思维来读它，并且尽可能消除"唯政治思维方式"的话，还是会受到某种启示而感到身心愉悦的。

第二编

五古·挽易昌陶

1915 年 5 月

去去思君深，思君君不来。愁杀芳年友，悲叹有余哀。

衡阳雁声彻，湘滨春溜回。感物念所欢，踯躅南城隈。

城隈草萋萋，涔泪侵双题。采采余孤景，日落衡云西。

方期沆瀁游，零落匪所思。永诀从今始，午夜惊鸣鸡。

鸣鸡一声唱，汗漫东皋上。冉冉望君来，握手珠眶涨。

关山蹇骥足，飞飙拂灵帐。我怀郁如焚，放歌依列嶂。

列嶂青且茜，愿言试长剑。东海有岛夷，北山尽仇怨。

荡涤谁氏子，安得辞浮贱。子期竟早亡，牙琴从此绝。

琴绝最伤情，朱华春不荣。后来有千日，谁与共平生。

望灵荐杯酒，惨淡看铭旌。惆怅中何寄？江天水一泓。

注　释

去去：越去越远。汉代《别诗》四首（旧作苏武诗）其三："参辰皆已没，去去从此辞。"

衡阳雁声彻：湖南衡阳有回雁峰，相传雁不过此峰。雁声响彻衡阳，比喻思友悲叹的深切。

踯躅南城隈：踯躅（zhízhú），徘徊。南城隈（wēi），南城墙弯曲处。

涔（cén）泪：不断流下的泪。

采采余孤景：采采，丰盛貌，众多。余，剩下。孤景同孤影，这里指作者。

日落衡云西：衡云，衡山上的云烟。衡山在长沙之南，这里"衡"指长沙之西属衡山七十二峰的岳麓山。

沆瀁（hàngyǎng）：犹汪洋，水深广的样子。见左思《吴都赋》："颂溶沆瀁，莫测其深，莫究其广。""瀁"同"漾"。

零落匪所思：零落，这里以草木凋零比喻人的死去。"匪"同"非"。

汗漫东皋上：汗漫，本义是漫无边际，这里指漫步。东皋（gāo），泛指田野或高地。

关山蹇(jiǎn)骥足：关隘山川阻碍良马的奔跑。骥足，比喻俊逸的人才。

飞飙（biāo）：疾风。晋朝陆机《日出东南隅行》："遗芳结飞飚，浮景映清湍。"宋朝苏洵《吴道子画五星赞》："四方远游，去如飞飙。"

列嶂（zhàng）：相连的山峰。唐朝李益《再赴渭北使府留别》："列嶂高峰举，当峰太白低。"

茜（qiàn）：深红色。

岛夷：古代指分布在我国东部沿海及附近岛屿的民族，这里借指日本。

北山尽仇怨：北方群山间有仇视我们的国家，这里指沙皇俄国。

荡涤：清洗，清除。《古诗十九首·东城高且长》："荡涤放情志，何为自结束。"

子期竟早亡，牙琴从此绝：《吕氏春秋·本味》称，伯牙弹琴，钟子期听了，完全懂得伯牙琴曲的意境。钟子期死，伯牙碎琴绝弦，终生不再弹琴。

　　惨淡：暗淡，悲惨凄凉。

　　铭旌：灵柩前的旗幡。

　　惆怅：因失意或失望而伤感、懊恼。

　　泓（hóng）：水深的样子，这里以"水一泓"比喻深情。

时代背景

　　易昌陶，名咏畦，湖南衡山人，是毛泽东在湖南省立第一师范学校读书时的同班同学。1915 年 3 月病死家中，5 月 23 日学校为他开追悼会。毛泽东在致湘生（生平不详）信中说："同学易昌陶君病死，君工书善文，与弟甚厚，死殊可惜。校中追悼，吾挽以诗，乞为斧正。"这首《五古·挽易昌陶》就是毛泽东追忆好友易昌陶的悼亡诗。

赏　析

　　全诗五节，每节八句，抒情言志，辗转相生，既缠绵悱恻，又一气呵成，情感真挚，读来引人顿生悲凄之感。

　　开端两节十六句，写尽了对好友去世的悲伤之情。诗人回忆在暮春湘滨的明丽风光中与友人的交往。易君青春早逝，正值"恰同学少年，风华正茂"之时。现在又是春天，大雁在衡山之巅凄切地鸣叫飞翔，湘江春水碧透了，就在这万物复苏、欣欣向荣之际，诗人独自一人徘徊流连，沉埋在回忆中。他回忆往昔，与好友易君在城南相聚，一边畅谈理想，一边眺望祖国壮丽的山河，不胜神往。而今诗人又漫步到城南旧地，睹景思情，青山未改，江水长流，风物依旧，而良友已逝，不禁悲从中来，泪水夺眶而出。诗人就这么徘徊复徘徊，想到曾与易君相约一起畅游祖国的山山水水，可这一切都已成梦幻，永远不可能实现了。诗人边想边感慨，鲜亮明媚的暮春只剩下苍茫渐暗的黄昏，夕阳冉冉向西沉落，黑夜随即降临大地，到午夜梦中又被鸡鸣惊醒，诗人更觉怅然如有所失。

　　中间两节十六句，以浪漫手法，写在虚实之间，似幻似真；哀伤沉痛，激昂慷慨。举目回顾，只剩下雄关漫漫，良驹举步维艰；狂风吹拂着故人的灵帐，不禁忧心如焚，痛裂肝肠，遂乃背倚群峰，长歌当哭。更想到当年，共誓许身为国，而今屹立在青山之间，陡然兴起要向这万仞碧峰一试长剑的雄心：试看东海有日本侵略者进逼，北疆有沙俄强盗窥伺，国家兴亡，匹夫有责，祖国大地到底应由谁来主宰？我们怎能以出身低微而推脱重任？怎奈你昌陶呀，竟然英年早逝，这真是壮志未酬身先死呀！从而想到古代钟子期死、伯牙碎琴绝弦的故事，这是熟典，取以表示痛悼失知音的无限哀思罢了。

最后一节八句结束。紧承前面碎琴绝弦、痛失知音的情景，不胜凄凉，颜色艳丽的春花也伤心得不再开放了。诗人展望自己人生之旅的漫漫长途，失去像易君这样可以相诉衷肠的好友，自然感到无限怅惘，于是发出：让我把酒向前祭奠英灵吧！旌幡上易君的名字在冷风中惨淡地吹动着。我的悲伤，于惆怅中将何所寄托？唯有像长江水顺着无涯的天际飘荡。话到此戛然而止，而哀思绵绵无尽长。

十年后，毛泽东在《沁园春·长沙》词中所抒写的"书生意气,挥斥方遒"的峥嵘岁月，当正指其在长沙的湖南省立第一师范学习的这一期间。

七古·送纵宇一郎东行

1918 年 4 月

云开衡岳积阴止，天马凤凰春树里。

年少峥嵘屈贾才，山川奇气曾钟此。

君行吾为发浩歌，鲲鹏击浪从兹始。

洞庭湘水涨连天，艨艟巨舰直东指。

无端散出一天愁，幸被东风吹万里。

丈夫何事足萦怀，要将宇宙看稊米。

沧海横流安足虑，世事纷纭从君理。

管却自家身与心，胸中日月常新美。

名世于今五百年，诸公碌碌皆余子。

平浪宫前友谊多，崇明对马衣带水。

东瀛濯剑有书还，我返自崖君去矣。

注　释

天马凤凰：指岳麓山东南、湘江之西的两座毗邻的小山。

屈贾：战国时楚国屈原，汉代贾谊，皆极有才华。

钟：聚集。古人称山川灵秀之气所聚集，便产生人才。

艨艟（méngchōng）：战舰。此指轮船。

宇宙看稊米：把世事看做平常小事。稊（tì），草名，结实如小米。稊米，形容小。

世事纷纭从君理：据罗章龙说，作者原诗如此。1979年罗在《回忆新民学会（由湖南到北京）》一文中第一次提供本诗时，觉得有负故人厚望，改做"世事纷纭何足理"。后来他曾表示恢复原诗句。

名世于今五百年：名世，著称于世。《孟子·公孙丑下》："五百年必有王者兴，其间必有名世者。"

诸公碌碌皆余子：诸公，指当时的当权人物。碌碌，平庸。《后汉书·祢衡传》："常称曰：'大儿孔文举，小儿杨德祖。余子碌碌，莫足数也。'"余子，其余的人。

崇明对马衣带水：长江口的崇明岛和日本的对马岛，相隔只一衣带宽的水。据《南史·陈后主纪》记载，隋文帝说隋和陈只隔"一衣带水"，把长江比做一条衣带。

东瀛（yíng）：东海，后也指日本。

我返自崖君去矣：《庄子·山木》："送君者皆自崖而反，君自此远矣！"此句中"反"通"返"。

时代背景

纵宇一郎是罗章龙在1915年同毛泽东初次通信时，就已用过的化名。罗章龙（1896—1995），湖南浏阳人。1921年加入中国共产党，1931年被开除出党（因在反对王明路线中，他成立"中央非常委员会"而被开除出党）。后历任河南大学、西北联合大学、湖南大学等校教授。曾任中国人民政治协商会议全国委员会委员。

1915 年，他在长沙读书时，与毛泽东结为好友，并参与毛泽东、蔡和森等 12 人发起成立的"新民学会"。1918 年 4 月，罗去日本留学。临行前，新民学会在长沙北门外的平浪宫聚餐，为他饯行。毛泽东用"二十八画生"的笔名写了这首送行诗。但罗到上海恰好碰上 5 月 7 日（1915 年日本政府向袁世凯政府提出最后通牒的日子，限期要袁答复承认日本旨在独占中国的"二十一条"），当时日本政府警察侮辱、殴打中国的爱国留学生，迫使他们回国，罗因此没有去日本。

赏 析

此诗是毛泽东青年时期的作品。衡岳云开，洞庭水涨，在意气昂扬中，欢送好友远行、濯剑东瀛。诗篇所显示的勃勃生机和一往无前的气概，使读者不禁联想起："携来百侣曾游，忆往昔峥嵘岁月稠。""恰同学少年，风华正茂；书生意气，挥斥方遒。指点江山，激扬文字，粪土当年万户侯。"凝聚在《沁园春·长沙》中的豪情壮志，当然也涵盖有这里的"君行我为发浩歌""要将宇宙看稊米"的豪情。此诗虽非巨制，亦称长歌，情景交错，布局奇特，极富突兀参差之美。体用七古，又一韵到底，一气呵成，写得气势奔放，声调铿锵。更有"胸中日月常新美"的情愫显现，这亦是作者青年时代积极入世、意志高远的明证。全诗富有艺术表现力与感染力，毛泽东的确是大家，堪称出手不凡。

开篇"云开衡岳积阴止，天马凤凰春树里"，描绘了楚湘大地春意盎然之美景。连日来积蓄的阴云被一片碧空荡开，岳麓山诸峰亮出了明丽的姿容，天马山、凤凰山绿树覆盖，一派让人欣喜的气氛。

"年少峥嵘屈贾才，山川奇气曾钟此"，屈原、贾谊都出自湘楚这个灵秀之地，诗人借此写湖南人杰地灵、英才辈出，赞友人罗章龙。

"君行吾为发浩歌，鲲鹏击浪从兹始"，转入送友的主题，诗人豪歌一曲，以激励友人从此如鲲鹏展翅般前行。

"洞庭湘水涨连天，艨艟巨舰直东指。无端散出一天愁，幸被东风吹万里。"此时就连洞庭湖、湘江水也感动得卷起大波浪遥对苍天，巨型船只也将载友出发。离愁别绪不知散出，好在被东风荡涤尽净，一吹万里。

接下来，作者开始劝勉朋友，同时勉励自己：大丈夫应该坦坦荡荡，不会因一点小事萦怀于心，牵绊于身；大丈夫应该傲视宇宙，宇宙在大丈夫眼中不过为一粒稊米而已，不算什么；时局变乱，天下动荡，大丈夫不必担心忧虑，人世间的风云变幻自会任由我辈来料理。最关键的是管住自己的身心，只有"管却"了自身，胸中日月才会天天新美。

"名世于今五百年"，孟子说过："五百年必有王者兴，其间必有名世者"，如今正是扬名显世的大好时机，而这些碌碌无为的诸公都是一些平庸之辈。我辈方是安稳江山者——这是何等的理想和抱负！诗人借此表达对国家命运的万般关切，并叮嘱朋友不要辜负时代对我辈的殷切期望。

全诗最后四句，再返送行主题，豪气兼离情别绪共生。在长沙北门外道教胜地平浪宫前把酒钱行，道不尽的友情。友人即将前去的日本只是一衣带水，隔海相望，我们仍可鸿雁传书，相互鼓舞。

"我返自崖君去矣"化用《庄子·山木》中"君其涉于江而浮于海，望之而不见其崖，愈往而不知所穷，送君者皆自崖而反，君自此远矣！"之意，由此可看出诗人古文功底之丰厚，信手拈来，水到渠成。

虞美人·枕上

1921 年

　　堆来枕上愁何状，江海翻波浪。夜长天色总难明，寂寞披衣起坐数寒星。

　　晓来百念都灰烬，剩有离人影。一钩残月向西流，对此不抛眼泪也无由。

注　释

虞美人：词牌名，又名《虞美人令》《一江春》《玉壶冰》《忆柳曲》等。

枕上：词标题，取首句中语词，表明写枕上思念之情、离别失眠之苦。

离人：指杨开慧。杨开慧 1901 年生，湖南长沙人。1920 年冬，同毛泽东在长沙结婚。1921 年加入中国共产党，在中共湘区委员会负责机要兼交通联络工作。1930 年 11 月被国民党反动派杀害。

残月：晓时形状如钩的月亮。宋代梅尧臣《梦后寄欧阳永叔》："五更千里梦，残月一城鸡。"

时代背景

此词作于 1921 年，诗人与夫人杨开慧是 1920 年冬结婚的，翌年春夏间毛泽东外出考察，此词写新婚初别愁绪。1994 年 12 月 26 日《人民日报》编者按："为纪念毛泽东同志诞辰 101 周年，特首次正式发表由中共中央文献研究室编辑校定的毛泽东诗词《虞美人·枕上》和《七律·洪都》。"并于词后附注："根据作者审定的抄件刊印，手迹是未经修改的原稿，有几处与发表的文字不同。"这幅手迹是 1961 年作者自己抄写的，同时刊载在当年《人民日报》第 8 版。

赏析

此词上阕写惜别之愁，一个"堆"字，形象地表现了愁闷之多。"江海翻波浪"，更是运用了夸张手法。诗人因愁闷而失眠，长夜难眠，只好披衣起坐，望夜空，数寒星，充分表达出了寂寞孤独的情怀。过渡到下阕，还是写伤别之苦。辗转反侧，彻夜无眠，直到破晓，百念俱灰，只有离人的影像浮眼前，拂也拂不去，唤又唤不来，到此不禁遥对着西边的一钩残月，汹涌倾泻出两行酸泪来。凭实说来，这自是真人之情，也实为真人之诗。新婚乍别，想得通宵睡不着觉，想得酸泪湿透枕巾，这种感情是真实的，是人之常情。我们当然不妨把它放在词苑传统中来评议：此词风格乃属于婉约的一类。诗人毛泽东也曾自称："我的兴趣偏于豪放，不废婉约。"

西江月·秋收起义

1927 年

军叫工农革命，旗号镰刀斧头。匡庐一带不停留，要向潇湘直进。

地主重重压迫，农民个个同仇。秋收时节暮云愁，霹雳一声暴动。

注 释

匡庐：指江西的庐山。相传殷周之际有匡俗兄弟七人结庐于此，故称。唐朝白居易《草堂记》："匡庐奇秀，甲天下山。"

潇湘：湖南的代称。潇，指湖南省境内的潇水；湘，指的是横贯湖南的湘江。潇湘一词，最早见于《山海经·中山经》："澧沅之风交潇湘之浦。"

霹雳：又急又响的雷，是云与地面之间发生的强烈雷电现象。响声很大，能对人畜、植物、建筑物等造成很大的危害。也叫落雷。

时代背景

1927 年 4 月 12 日和 7 月 15 日，蒋介石、汪精卫先后叛变革命，大批共产党人和革命群众惨遭屠杀。为了挽救革命，中共中央于 8 月 7 日在汉口召开紧急会议，纠正了陈独秀的右倾投降主义路线，确立了武装反抗国民党政权的屠杀政策和开展土地革命的总方针，并决定发动农民在秋收季节举行武装起义。会后，毛泽东赴湖南、江西两省交界地区，领导江西安源的工人、两省的农民和一部分北伐军，组成了一支工农革命军，于 9 月 9 日举行了秋收起义（亦称秋收暴动）。与国民党军激战之后，部队损失很大。9 月 19 日，起义各部在湖南浏阳文家市会合，整编后由毛泽东率领，向井冈山进发。10 月，到达井冈山，开创了第一块农村革命根据地。

本篇作于秋收起义开始时。首见于《解放军文艺》1957 年 7 月号所载邓叙萍撰《读毛主席诗词的一点感受》一文。词题原作《秋收暴动》，在收入人民文学出版社 1986 年版《毛泽东诗词选》时，编者据毛泽东修改稿改今题《秋收起义》。

赏　析

假如说，秋收起义是中国革命的里程碑，那么，这首《西江月·秋收起义》便是矗立在中国革命风云中的纪念碑上的碑文。它本身就是一杆刺破凛凛秋风的红缨枪，就是绣在飘展的红旗上的斧头镰刀。

此诗写得形象鲜明、直白，气势刚劲有力，反映了作者当时坚定的革命意志和明确的奋斗目标。

六言诗·给彭德怀同志

1935 年 10 月

山高路远坑深，大军纵横驰奔。

谁敢横刀立马？唯我彭大将军！

注　释

六言诗：每句六个字的诗。始于汉代。后亦有古近体之分。本篇不拘平仄，属于古体。

时代背景

1935 年 10 月 19 日，党中央暨红军北上抗日先遣队结束了长征，到达陕北保安的吴起镇（今陕西吴旗县城）。这时，国民党军的五个骑兵团尾随而至。为了不把敌人带进陕北根据地，10 月 21 日，彭德怀指挥先遣队在吴起镇附近的大峁梁进行了"切尾巴"战斗，歼灭敌军一个骑兵团，打胜了中央红军到达陕北后的第一仗。为此，毛泽东特作本诗，高度赞扬彭德怀。彭德怀阅诗后，谦逊地提笔将末句改为"唯我英勇红军"，并将原诗送还了毛泽东。本篇首见于 1947 年 8 月 1 日冀鲁豫部队《战友报》。原编者注曰：1935 年彭德怀率红一军团强攻腊子口，侦察完地形后发一电报给毛泽东，毛泽东即以此诗作为复电云云，与事实不符。又据《彭德怀自述》所记，诗云"山高路险沟深，骑兵任你纵横。谁能横枪勒马，唯我彭大将军。"文字与《战友报》所载略有不同。此诗收入人民文学出版社 1986 年 11 月出版的《毛泽东诗词选》。今题即由编者所加。

赏　析

中央红军刚到陕北，就打了一个漂亮仗，围歼了穷追不舍的敌军一个骑兵团，干净利落地切掉了讨厌的"尾巴"。这对"长缨在手，誓缚苍龙"的红军统帅来说，无疑是一件令人开颜的快事。因而按捺不住内心的激动和兴奋，满腔热情地展纸濡笔，挥写了铿锵明快的六言诗。

这首诗，字里行间跳动着凯歌的欢快音符，更跳动着革命统帅的那颗"爱将"之心。"山高路远坑深"，自是对战地地形特点的描绘，同时也写出了长征之艰险经历。一个"高"字，更尤其一个"远"字，于无意间透露了初到陕北征鞍未解的心境。"红军不怕远征难"，所以还在"大军纵横驰奔"，这便更加发扬了"五岭逶迤腾细浪，乌蒙磅礴走泥丸"的气概。此以白描出之，尤见朴纯质实。倏的一声诘问："谁敢横刀立马？"实为万钧雷霆，声震环宇。"横刀立马"这种威风凛凛雄姿，令人不禁重问："问苍茫大地，谁主沉浮？"于是叱咤风云，威慑天地："唯我彭大将军。"在这里，读来当是不觉间加了惊叹号的。一个"我"字，透露出多少亲切、信赖、钦佩，更尤其饱融着多少欣慰、骄傲、自豪！仅此浅明的六字白文，便充分表现了诗人对将才的赞扬和称颂，在读者心目中树立起胸怀大略、指挥若定的彭大将军的高大形象。它会引我们不胜感慨地联想起多少历历往事啊！但在这里首先还是说诗。诗写得短小精练，明白晓畅，读来如数鼓点，但是寓意深长。主题是赞扬称颂彭大将军，读者也完全能够随着笔锋指向，倾注爱心和敬意。可是读罢全诗，还是自自然然仿佛看到了一位"胸中自有雄兵百万"、危难时刻表现出轻松、豁达、潇洒自如、充满革命乐观主义精神、富有诗情智慧的伟大统帅，并且令人不禁联想到苏东坡《念奴娇·赤壁怀古》中"谈笑间，樯橹灰飞烟灭"的情境。论者或云有所谓无我之境，而假若真正无我，恐怕也就不成其为诗了。此义当可于此短诗中会之。

临江仙·给丁玲同志

1936 年 12 月

壁上红旗飘落照，西风漫卷孤城。保安人物一时新。洞中开宴会，招待出牢人。

纤笔一枝谁与似？三千毛瑟精兵。阵图开向陇山东。昨天文小姐，今日武将军。

注　释

纤（xiān）：细小。

毛瑟：旧时对德国毛瑟（Mauser）工厂制造的各种枪的统称。通常指该厂制造的步枪。

时代背景

1933 年 5 月 14 日，中共党员、中国左翼作家联盟党团书记、女作家丁玲在上海遭国民党便衣暗探绑架，一时舆论哗然。蔡元培、宋庆龄、鲁迅等 38 人致电南京政府大力营救，国民党当局未敢遽下毒手，特秘密押丁玲赴南京，软禁达三年之久。1936 年 9 月 18 日，在党组织的营救下，丁玲逃离南京，潜回上海，10 月中旬乔装赴西安。11 月初赴陕北，月中顺利到达保安，受到毛泽东、周恩来、张闻天、博古等党中央领导同志的热烈欢迎。毛泽东问她打算做什么，她回答说："当红军。"11 月 22 日，苏区第一个文艺团体——中国文艺协会在保安成立，丁玲当选为主任。此后，根据她本人的要求，党中央派她随红军总政治部出发，到前方去工作。行军十余日，抵达陕西定边。1936 年 12 月 12 日西安事变爆发，红军前敌总指挥部率主力部队向西安方向运动，丁玲亦随军南下。此期间，毛泽东作此词，用电报发往红一方面军，遥赠丁玲。电报于 12 月 30 日送达丁玲手中。1937 年初，丁玲由前方返回延安，毛泽东复以毛笔手书此词相赠。本篇首见于《新观察》1980 年 7 月号。人民文学出版社 1986 年 11 月版《毛泽东诗词选》有题为"给丁玲同志"，盖为编者代拟。

赏　析

全词举重若轻，不见用力之迹，而力透纸背。

上阕先从写景下笔。起二句，"落照"点明时间是傍晚，"西风"点明节气是深秋。城头"红旗"在夕阳中飘扬，暗示丁玲已来到安全而自由的地方，投入了党的怀抱。旗之"红"与夕阳的余晖相映，色彩鲜明。"红旗飘"与"西风漫卷"构成一幅动态的图画，而"壁上"与"孤城"又是静态的，可谓动静相间。第三句具体点出地点"保安"，同时由写景转到写人，劈空而来，设一悬念，从而逗出下二句："洞中开宴会，招待出牢人。"丁玲是党培养起来的革命文艺战士，脱离囹圄，重获自由，岂不是一件值得庆贺的事吗？两句语浅情深，具有浓厚的生活气息。

下阕由上节的"出牢人"引出，塑造了一个英姿飒爽、文武双全的女战士形象。"纤笔"二句用今典。上文皆叙语，一气道来，至此间变做一问一答，便有波浪起伏之妙。以"纤笔"对"毛瑟精兵"，以"一枝"对"三千"，把两种质量毫不相关又相距甚远的事物放到一起相比较，显得既奇且妙，既是对一位巾帼英豪的称颂赞美，又是对当时方兴未艾的革命文艺工作的肯定与鼓励。这诗句直到今天读起来，犹当令人心动。以上两句写人，下一句则写事："阵图开向陇山东"，写的是当日史实，但事中仍有人，因为丁玲正是随军开往陇山东的。写战争形势自然也就涵盖了丁玲的行踪，而且使"纤笔"两句也就有了更坚实的着落。——看，丁玲手中的"纤笔"，不仅胜似三千精兵，且已冲锋杀敌了。于是，结句水到渠成："昨天文小姐，今日武将军。"一个光彩照人的女中豪杰跃然纸上。这两句笔力超迈，体现了诗人一贯的豪放词风。

这首词在结构上的特点是以丁玲的行踪为次序，写出了真正的生活和细节。空间和时间的转换与推移，有条不紊，井然有序。在表现手法上，没有浓笔重墨，纯用白描。而巧妙运用对比：红旗在孤城上空飘扬，已在与孤城以外的世界暗比；继之一枝纤笔与三千精兵明比；又昨天与今日对比，文小姐与武将军对比；整体上更隐含着身陷囹圄与喜获自由的对比。在对比中逐渐完成了诗人对丁玲同志的赞叹之情的抒发，完成了丁玲这一艺术化了的人物形象的塑造和刻画。

五律·挽戴安澜将军

1943 年

外侮需人御，将军赋采薇。

师称机械化，勇夺虎罴威。

浴血东瓜守，驱倭棠吉归。

沙场竟殒命，壮志也无违。

注　释

这首诗根据 1943 年戴安澜将军追悼会挽联诗登记册刊印。原件在诗
前书有"海鸥将军千古"，诗末署为"毛泽东敬挽"。

御（yù）：抵挡。

机械化：第二〇〇师是机械化部队。

罴（pí）：棕熊。

东瓜、棠吉：缅甸地名。

殒（yǔn）：丧失（生命）、死亡。

无违：没有背离。

时代背景

1942 年秋在广西全州举行的戴安澜将军追悼会上，不仅有毛泽东遥寄的挽诗，还有周恩来的挽联："黄埔之英，民族之魂。"还有朱德、彭德怀的挽联："将略冠军门，日寇几回遭重创；英魂羁缅境，国人无处不哀思。"新中国成立后，中央人民政府内务部追认戴安澜将军为革命烈士。凡此都充分说明了中国共产党人站在全民族的立场上，热情支持一切爱国力量反对日本帝国主义侵略的正义行动，光明磊落，坦荡无私。这适与国民党反动当局上年制造"皖南事变"，掀起反共高潮，置民族利益、抗战大局于不顾的政治自私行为，形成鲜明对比。就此而言，也足见这首五律所具有的特殊政治意义。

赏 析

单就此诗本身来看，毛泽东抗战时期的诗作，目前可见者仅此一首。其五言律诗，目前可见者亦仅此一首。只言片语，弥足珍贵。

挽诗，是一种社交性质的应用文，贵在朴实庄重，平正得体。本篇堪称规范风格。首联二句，直书事始，即从戴安澜将军率部入缅、远征抗敌写起。"赋采薇"三字正用远征赴敌的古典，精切不移，于叙事则有雍容不迫之气度，于行文则有渊雅流丽之风致，尤见精彩。颔联、颈联，均守律对仗。前者于主客两方，陪衬军威，"机械""虎罴"，自对工致，合读则气韵生动，神采飞扬，亦一篇之警策。后者叙说在缅战斗历程。"东瓜""棠吉"，以域外战地译名入诗，均实录。四句都不是专写将军，而是写将军所统率的部队，写远征军艰苦卓绝的战斗。这自然是写龙必以云的方法。无云涛雾澜的烘托，飞龙又安见其腾骧九霄的矫健？此不写将军乃所以正写将军也。尾联二句，收笔回写将军本身，哀悼其赍志以终，显示挽诗主题。一个"竟"字写出震惊与痛惜，结句志壮志无违，则更见有重于泰山之义。孔子曰："三军可夺帅也，匹夫不可夺志也。"（《论语·子罕》）将军为国捐躯，死可瞑目矣！我们全部奋起的抗战军民必将前赴后继，踏着先烈血迹向前，誓将反侵略战争坚持到最后胜利。这便是"壮志也无违"的真实涵义，其笔重矣，其旨大矣！

五律·张冠道中

1947 年

朝雾弥琼宇，征马嘶北风。

露湿尘难染，霜笼鸦不惊。

戎衣犹铁甲，须眉等银冰。

踟蹰张冠道，恍若塞上行。

注　释

这首诗根据抄件刊印，首见于中央文献出版社 1996 年版《毛泽东诗词集》。

琼宇：即玉宇，指天空。

征马嘶北风：征马，这里指战马。嘶北风，在怒号的北风中长鸣。

露湿尘难染：寒露打湿黄土地，尘土难以沾染衣物。

戎衣犹铁甲：军服因雾沾露湿而结冰，像铁衣一样又重又硬。

踟蹰：徘徊不进。

塞上：边远地区。这里指我国北方长城内外。

时代背景

1947 年 3 月中旬，胡宗南指挥国民党军 14 万余人，向中共中央所在地延安发动进攻。3 月 18 日晚，毛泽东率领中共中央机关撤离延安。随后，他在陕北延川、清涧、子长、子洲、靖边等县转战。张冠道，是他当时转战中经过的一条道路。

赏 析

《中共中央关于暂时放弃延安和保卫陕甘宁边区的两个文件》，是 1946 年 11 月和 1947 年 4 月发出的。两个文件都由毛泽东同志起草，刊印在《毛泽东选集》第四卷。文件中指出："蒋介石日暮途穷，欲以开'国大'、打延安两项办法，打击我党，加强自己。其实，将适得其反。""国民党之所以采取这些步骤，丝毫不是表示国民党统治的强有力，而是表示国民党统治的危机业已异常深刻化。其进攻延安和陕甘宁边区，还为着妄图首先解决西北问题，割断我党右臂，并且驱逐我党中央和人民解放军总部出西北，然后发动兵力进攻华北，达到其各个击破之目的。"在上述情况下，中央决定："一、必须用坚决战斗精神保卫和发展陕甘宁边区和西北解放区，而此项目的是完全能够实现的。二、我党中央和人民解放军总部必须继续留在陕甘宁边区。此区地形险要，群众条件好，回旋地区大，安全方面完全有保障。三、同时，为着工作上的便利，以刘少奇同志为书记，组织中央工作委员会，前往晋西北或其他适当地点进行中央委托之工作。"以上三项决定，是主动撤出延安前作出，早已执行。所以当国民党军袭来（前称 14 万余人，只是指西安绥靖公署前进指挥所主任裴昌会指挥两个整编军 15 个旅 14 万人开始向北进攻，实际上国民党军队用来进攻陕甘宁边区的总兵力共 34 个旅 25 万人），虽然气势汹汹，我解放军只以 3 万人相与周旋，而从容自若，胜利在握。在撤离延安时，毛泽东就指出："将来人们会看到，蒋介石占领延安，绝不是他们的胜利，而是搬起石头砸自己的脚，他要倒霉了！"又说："少则一年，多则二年，延安仍要回到人民的手中的。"（吕玉莲《毛泽东与转战陕北》）。正是在这种情况下，行进在张冠道中，毛泽东写作此诗，料在行军初期，故有铁甲银冰的感觉，而"跼蹐张冠道，恍若塞上行"，有如游山观水，不胜悠然。实则一切都按照毛泽东提出的"蘑菇战术"办理，我西北人民解放军在彭德怀大将军率领下以不足 3 万人的兵力，同比自己多达十倍的国民党军队从容周旋，在随后一个半月中，于青化砭、羊马河、蟠龙，三战三捷，消灭胡军一万四千余人，拖住胡宗南军这支蒋介石的战略预备队，有效地策应了其他战场的人民解放军，并为西北战场的胜利奠定了基础。

毛泽东同志自 1947 年 3 月 18 日撤离延安，直到 1948 年 3 月 21 日东渡黄河，在极其艰险的环境中转战陕北，同时领导着全国解放战争的胜利开展，这是一段富有传奇色彩的战争经历。在此期间，纵极度紧张，当复有吟咏，而我们现在只得能读到这首质朴平实的五律，弥足珍贵。

五律·喜闻捷报

1947 年 9 月

中秋步运河上，闻西北野战军收复蟠龙作。

秋风度河上，大野入苍穹。佳令随人至，明月傍云生。

故里鸿音绝，妻儿信未通。满宇频翘望，凯歌奏边城。

注　释

这首诗根据抄件刊印。

蟠龙：一个古镇，在延安城东北 70 多里。

大野入苍穹：大野，一望无际的原野。入，溶进。苍穹，即苍天。

佳令：美好的节令，这里指中秋节。

鸿音绝：音信已断绝。鸿即大雁。《汉书·苏武传》载有大雁传书之事。

翘望（qiáowàng）：殷切盼望。

凯歌奏边城：1947 年 8 月，西北野战军在陕北取得沙家店战役胜利；9 月中旬，又收复青化砭、蟠龙等城镇。

考　辨

此诗照录于中央文献研究室编《毛泽东诗词集》，反复吟诵，颇启疑窦。细衡文义，似或有误。一者，运河，一般特指京杭大运河，由北京直通杭州。而据考 1947 年中秋，毛泽东未离陕北。8 月 23 日从佳县梁家岔转移到朱官寨宿营，住了将近一个月，9 月 21 日，移驻佳县神泉堡。11 月 13 日又转移到米脂县的杨家沟，在这里住了三个多月，直到翌年 3 月 21 日离开陕北。"中秋步运河上，闻西北野战军收复蟠龙作"，有违情实，不像身居统帅地位的口吻。

另外，"收复蟠龙"在 5 月 2 日至 4 日，蟠龙战斗后，旋即放弃，不应迟至中秋才得传闻。8 月沙家店战役，歼灭胡宗南集团三大主力之一的整编第三十六师 6000 多人，这是西北野战军转入战略反攻的转折点。战役进行时，毛泽东就在离战场只有 20 里的梁家岔。炮声一打响，他就兴奋地说："好！我看这回胡宗南怎样交代！"战斗一结束，他就来到西北野战军司令部，高兴地说："胡宗南是个没有本事的人，阴险恶毒，志大才疏。他那么多军队，打我们没有一点办法？我们打了这么多次，就没有吃过败仗。他的本事，就是按我们想的行动。""那有什么办法？我们哪样想，他就哪样办，当然要吃亏了。"他又说："沙家店一战，把敌人的嚣张气焰完全打掉了！形势对我们非常有利，我们要找机会再打几个这样漂亮的胜仗，到那时候，陕北的敌人就没有立足之地了。"（阎长林：《警卫毛泽东纪事》）至于蟠龙的一度收复在 5 月 2 至 4 日，已为前述；青化砭战斗打响在 3 月 25 日，均不在 9 月中旬。

三者"这首诗根据抄件刊印"，没有说明谁人何种抄件，依诗文语意，很像是一位原籍陕北、分配到华北工作的干部所作，所以说："故里鸿音绝，妻儿信未通"，这些都不是转战陕北、身居统帅者的语气，且毛泽东也不能称西北战场为"边城"。由此，谨录原诗存疑，不作赏析。

浣溪沙·和柳亚子先生（二）

1950 年 11 月

颜斶齐主各命前，多年矛盾廓无边，而今一扫纪新元。

最喜诗人高唱至，正和前线捷音联，妙香山上战旗妍。

附：柳亚子原词

浣溪沙

中央戏剧学院舞蹈团演出《和平鸽》舞剧，欧阳予倩编剧，戴爱莲女士导演兼饰主角，四夕至五夕，连续在怀仁堂奏技。再成短调，欣赏赞美之不尽矣。

白鸽连翩奋舞前，工农大众力无边，推翻原子更金圆。

战贩集团仇美帝，和平堡垒拥苏联，天安门上万红妍！

注　释

这首词最早发表在人民文学出版社 1986 年 9 月版《毛泽东诗词选》。

颜斶（chù）：战国时齐国人。《战国策·齐策四》称，齐宣王召见颜斶，说："斶前！"斶也说："王前！"齐宣王不高兴。斶说："夫斶前为慕势，王前为趋士。与（与其）使斶为趋势（一作慕势），不如使王为趋士。"这是比喻蒋介石要柳亚子听他的反革命主张，柳亚子要蒋介石听他的革命主张。

前线捷音：指抗美援朝战争传来捷报。

妙香山：在朝鲜西北部。

时代背景

1950 年 10 月，新中国成立之初，毛泽东曾填写《浣溪沙·和柳亚子先生》以庆祝"人民五亿得团圆"，中国人民站起来了。事隔一个月，这是又一次同题和词，其背景是：当时新生的中华人民共和国面临新的严峻考验。这一年 6 月 25 日，朝鲜内战突然爆发。27 日，美国派出海军和空军，武装干涉朝鲜内政，并命令第七舰队向我国领土台湾沿海游弋，声称台湾为其不沉的"航空母舰"，阻止中国人民解放台湾。28 日，我外交部长周恩来受权声明，强烈谴责美国政府侵略朝鲜、台湾及干涉亚洲事务的行为。9 月，美军在仁川登陆，朝鲜战局急转直下，美军打着联合国军的旗号，越过三八线，向鸭绿江和图们江进逼，直接威胁我国东北边境的安全。面对美帝的侵略气焰，中共中央经过慎重考虑，决心承担最大的民族牺牲，组成中国人民志愿军，出兵朝鲜，抗美援朝，保家卫国。10 月 8 日，中国人民革命军事委员会主席毛泽东发布《给中国人民志愿军的命令》："着中国人民志愿军迅即向朝鲜境内出动，协同朝鲜同志向侵略者作战并争取光荣的胜利。"并任命彭德怀为中国人民志愿军司令员兼政治委员。这个决定得到全国各族人民的热烈响应。在全国人民支持下，中国人民志愿军于 10 月 25 日到达朝鲜前线。就在此时，"联合国军总司令"麦克阿瑟还在美国总统杜鲁门面前保证："在感恩节前，南北朝鲜各地的正式抵抗都将告终。"中国人民志愿军以迅雷不及掩耳之势，粉碎了敌人的梦想。10月25日至12月24日，中国人民志愿军在朝鲜人民军的配合之下，接连发起第一、二次战役，歼敌5万余人，收复平壤，把敌人赶回三八线附近，扭转了朝鲜战局。正是在此期间，毛泽东读到柳亚子先生欣赏赞美歌舞剧《和平鸽》的词作，非常喜欢与兴奋，遂挥笔写下这首《浣溪沙·和柳亚子先生》。同题两和，岂止酬唱风雅，实则于轻描淡写中，唱出了有关国家命运、人类前途的大主题。

艺术鉴赏

一首小词，于平易之中，寄寓遥深，表达崇高兴会，实是发人深省。善于从眼前景物，穿织寥廓时空，写出了历史感，给正反黑白以对比鲜明的评价，歌颂了革命胜利。诗人总是从大处落笔，看上去却似全然不费力气。下阕顺手转入现实，一步跨越了三千里，自然而生动，引人入胜。如非胸中自有变幻万千的五洲风云，怎得恁般从容？

诗人柳亚子说；"我论诗不喜艰涩，主张风华典丽；作诗不耐苦吟，喜欢俯拾即是。"（《我对于创作旧诗与新诗的感想》）柳诗尚自然流出，不欲强为之，这与凑合填塞是不可同日而语的两种境界。毛泽东诗词，于兼柳之长外，更奔迸泉涌，以意趣和气势胜。即以这首小词而论，兴之所至，妙字俊语踊跳喷发，不费揣摩，不炼而精，声色俱佳。作家端木蕻良说它是"运用中国古典诗词的特点，以最少的字句，表达最丰富涵义所奏出的一首爱国主义与国际主义交响乐，是一幅韵味无穷的时代画卷。"（《爱国主义与国际主义交响乐》）。

七律·和周世钊同志

1955 年秋

春江浩荡暂徘徊，又踏层峰望眼开。

风起绿洲吹浪去，雨从青野上山来。

樽前谈笑人依旧，域外鸡虫事可哀。

莫叹韶华容易逝，卅年仍到赫曦台。

注　释

浩荡：水势大。

樽：古代的盛酒器具。

卅：三十。

赫曦台：位于岳麓书院门前。

周世钊：字惇元，湖南省宁乡县人，1897年生。9岁入学。1913年春考入湖南省立第四师范，后并入湖南省立第一师范，1918年秋毕业，与毛泽东同窗五载，情谊甚笃。

周先后当选为第二届、三届全国人大代表，第四届全国人大常委会委员，第一届、二届、三届湖南省人大代表和省人民委员，第一届湖南省政协常委，第二届、三届湖南省政协副主席，民盟中央委员，第三届、四届、五届民盟湖南省委主委，长沙市人民政府委员，民进长沙筹委主委。

周世钊生平雅好诗词，造诣颇高，先后撰写了《湘江的怒吼——"五四"前后毛主席在湖南》《毛主席青少年时期锻炼身体的故事》《我的师表——徐特立》等文，计数十万字，编辑成册出版。1976年4月20日在长沙病逝，享年80岁。

时代背景

毛泽东1955年10月4日致周世钊书中说："读大作各首甚有兴趣，奉和一律，尚祈指正。"下文即录此诗。周世钊时为湖南省教育厅副厅长兼第一师范学校校长。他写有《七律·随从毛主席登岳麓山》一首："滚滚江声走白沙，飘飘旗影卷红霞。直登云麓三千丈，来看长沙百万家。故国几年空兕虎，东风遍地绿桑麻。南巡已见升平乐，何用书生颂物华。"毛泽东所和者，或即此首。细省书信语气，和诗应作于写信之当日或稍前，亦即1955年秋，而诗纪春令，似出追咏。所咏登长沙岳麓山疑在当年春季，与周世钊诗所言同时同事，此见"和"诗之意。本篇首次公开发表于人民出版社1983年12月版《毛泽东书信选集》，人民文学出版社1986年11月版《毛泽东诗词选》据以收录，题作《和周世钊同志》，盖编者代拟。

赏 析

一首酬和诗，显见对少年情谊的珍视。从结构上看，四联八句，对仗工整，俱如通常七律式样，前半写景纪游，后半抒情寄兴，一般读来，自极平顺，似无多可评说。但有一点，不可不察，诗随信发，成于同时。信写在深秋，而诗则纪春令，盖为追咏。风本无形，却因吹浪远去而获得了浪的形骸；雨从天降，却因诗人的登高送目而飘飘然上得山来。

　　说到下四句，确实是在抒发人生咏叹。这本是饱经沧桑，旧友重逢，人之恒情。辞断意属，意味着跳跃性强，诗行间的空白大，给读者想象或联想留下充分的余地。所以峰断云连，更具审美景观。中国古典诗词有讲求对偶的传统，这也是历久摩挲砥砺而形成的。对偶可以把不同时间和空间的意象组合在一起，让人看了这一面不由得也便联想到另一面。于是东西南北，春夏秋冬，天上人间，红颜白发，无论时间和空间上有多大飞跃，读来都极自然地把意象放在一起。比如"无边落木萧萧下，不尽长江滚滚来"（杜甫《登高》），全然不相干的两种景物，上句着眼于空间的广阔，下句着眼于时间的悠长，而两个意象通过对偶联接起来，便表现出一派无边无际的秋色。

五律·看山

1955 年

三上北高峰，杭州一望空。

飞凤亭边树，桃花岭上风。

热来寻扇子，冷去对佳人。

一片飘飖下，欢迎有晚鹰。

注　释

此诗最早发表于《党的文献》1993 年第 6 期。

北高峰：在杭州灵隐寺后，与南高峰相对峙，为西湖群山之一。在北高峰及其附近有飞凤亭、桃花岭、扇子岭、美人峰等名胜。根据作者自注。诗中的"扇子"指扇子岭，"佳人"指美人峰。"美人"换作"佳人”，为仄声换作平声。

飘飘：同飘摇，飘荡，飞扬貌。这里指鹰翔。

时代背景

抗美援朝战争结束后，在苏联的支持下，我国开始实施第一个五年计划，共和国的工业基础逐步形成，经济初步恢复。在此期间，毛泽东游苏杭，借景抒情。

赏　析

中国有古语；“上有天堂，下有苏杭”，自古以来苏杭之地留下了很多文人骚客的墨宝、古迹、逸事、趣闻，毛泽东作为一个诗人当然在闲暇之余不会让自己失望。不过也不难发现，毛泽东的这些诗以写景为主，其刚韧的风格显然在柔弱、纤细的苏杭之地并没有很好的施展之地，后来到了武汉写了一篇《水调歌头·游泳》，算是回补了苏杭游的遗憾。仔细品味毛泽东的墨迹，最有价值的作品往往是在最艰辛的时候写出来的，自《沁园春·雪》后，毛泽东的诗也达到了一个阶段的顶峰。从毛泽东的个性看，毛泽东刚胜于柔，词优于诗，毛泽东在危难之时更具思维的火花，创出惊世之作。（此诗与《莫干山》《五云山》这三首是同一时段所作，因而放在了一起）

七绝·莫干山

1955 年

翻身复入七人房，回首峰峦入莽苍。

四十八盘才走过，风驰又已到钱塘。

注　释

此诗最早发表于《党的文献》1993 年第 6 期。

莫干山：在浙江省德清县西北，为浙北避暑、休养胜地。相传春秋时吴国在此铸"莫邪""干将"二剑，故名。

七人房：指作者使用的卧车，可坐七人。

莽苍：形容（原野）景色迷茫。这里指原野。

四十八盘：泛写曲折盘旋的山间公路。

风驰：像刮风那样迅速。

钱塘：旧县名，这里指杭州市。

时代背景

毛泽东在杭州期间，兴致勃勃地爬了玉皇山、北高峰、莫干山、城隍山、北山、钱江果园、五云山、狮子峰、天竺山等，几乎把杭州市周围所有的山都爬遍了，有的地方还去过多次，差不多每个星期出去一次。他对杭州秀美壮丽的自然风光赞叹不已。

七绝·五云山

1955 年

五云山上五云飞，远接群峰近拂堤。

若问杭州何处好，此中听得野莺啼。

注 释

五云山：杭州西湖群山之一，临近钱塘江。据传因有五色彩云萦绕山顶经时不散而得名。

堤：指钱塘江的江堤。

时代背景

五云山在杭州西南方向，钱塘江北边，离市区有七八公里。这里群山连绵，峰峦叠翠，风光宜人。主席先后两次去过五云山。一次是从钱江果园，经狮子峰、五云山，到天竺山回来。主席意犹未尽，又一次直接上五云山，从龙井茶主要产地梅家坞下来。这首诗是主席第二次上五云山后的即兴之作。

赏 析

在中国当代的旧体诗人中，毛泽东是首屈一指的。毛泽东的一生，波澜壮阔，惊天地、泣鬼神，他个人的经历就构成了一篇气吞山河的伟大史诗。他的诗品人格，和中华民族的英豪气概一脉相承。袁枚说："美人之光，可以养目；诗人之诗，可以养心。"读毛泽东的诗，可以滋养我们的浩然正气，可以塑造我们的非凡人格，可以陶冶我们美好的内心情操，可以提升我们的精神境界。

《七绝·五云山》中毛泽东用诗歌赞美杭州自然风光，表达了他对第二故乡杭州的深情热爱。

七绝·观潮

1957 年 9 月

千里波涛滚滚来，雪花飞向钓鱼台。

人山纷赞阵容阔，铁马从容杀敌回。

注　释

此诗最早发表于 1993 年第 6 期《党的文献》。

观潮：指观赏钱塘江的涌潮。

钓鱼台：即钓台，在钱塘江中段的富春江滨，相传为东汉严光（子陵）隐居垂钓处。

铁马：配有铁甲的战马，借喻雄师劲旅。陆游《十一月四日风雨大作》："夜阑卧听风吹雨，铁马冰河入梦来。"钱塘江涌潮来袭时，波涛汹涌，如闻"十万军声"。

时代背景

钱塘潮以每年阴历 8 月 18 日在海宁所见最为壮观。毛泽东 1957 年 9 月 11 日（即阴历 8 月 18 日），曾乘车去海宁七里庙观潮。

赏　析

这首《七绝·观潮》从头至尾，气势如虹，不仅写出了钱塘潮的气势，也写出了诗人自己内心的一贯宏博的气势。内心气概与外界壮景结合，可谓浑然天成。江山的壮阔遇上了一个真正大气的能理解它的知音，同时我们伟大诗人胸中的风云也唯有这等万里江山才能容纳。两相融洽，何等气派！

诗人眼中的钱塘潮阵容壮阔，来回奔腾，有"金戈铁马，气吞万里如虎"之势。如此气壮山河的气魄，的确也只有毛泽东这样的大诗人才能胜任，可谓激情澎湃，一气呵成。

七绝·刘蕡

1958 年

千载长天起大云，中唐俊伟有刘蕡。

孤鸿铩羽悲鸣镝，万马齐喑叫一声。

注 释

这首诗根据作者审定的抄件刊印。

刘蕡（fén）：字去华（?—842），幽州昌平（今北京昌平）人。中唐文宗大和二年（828）举贤良方正，刘蕡对策，极言宦官之祸，其略曰："陛下宜先忧者，宫闱将变，社稷将危，天下将倾，海内将乱。""忠贤无腹心之寄，阉寺持废立之权。""四凶在朝，虽强必诛。"

铩（shà）羽：翅膀被摧残，比喻失意或失败。铩，摧残，伤害。

镝（dí）：箭头，也指箭。

万马齐喑：千万匹马都沉寂无声，比喻人们都沉默，不说话，不发表意见。喑（yīn），缄默，不作声。

七绝·屈原

1961 年秋

屈子当年赋楚骚，手中握有杀人刀。

艾萧太盛椒兰少，一跃冲向万里涛。

注　释

这首诗根据作者审定的抄件刊印。

屈子：即屈原（前 340—前 278），战国楚人，我国伟大诗人。曾辅佐楚怀王，官至左徒、三闾大夫，遭谗去职。楚顷襄王时被放逐。因无力挽救楚国的危亡，深感自己的政治理想无法实现，遂投汨罗江。

手中握有杀人刀：喻指屈原作《离骚》所发挥的战斗作用。

艾萧太盛椒兰少：艾萧，即艾蒿，臭草。这里比喻奸佞小人。椒兰，申椒和兰草，皆为芳香植物。这里比喻贤德之士。《离骚》："固时俗之流从今，又孰能无变化。览椒兰其若兹兮，又况揭车与江蓠！"

一跃冲向万里涛：指屈原在悲愤和绝望中投汨罗江而死。《九章·惜往日》："宁溘死而流亡兮，恐祸殃之有再。不毕辞而赴渊兮，惜壅君之不识！"

赏　析

毛泽东同志一如常人赞赏中国古代第一个伟大诗人屈原，是人所共知的。比如，1958 年他在一封信里写道："我今晚又读了一遍《离骚》，有所领会，心中喜悦。"（郑松生《毛泽东与美学》）这首七绝，是在什么情境下写的，待考。以"手中握有杀人刀"，喻指屈原作《离骚》发挥的战斗作用，质实而奇绝，一般人少有这种感受。

七绝二首·纪念鲁迅八十诞辰

1961 年

其一

博大胆识铁石坚，刀光剑影任翔旋。

龙华喋血不眠夜，犹制小诗赋管弦。

其二

鉴湖越台名士乡，忧忡为国痛断肠。

剑南歌接秋风吟，一例氤氲入诗囊。

注　释

这两首诗根据抄件刊印。

鲁迅（1881—1936），浙江绍兴人，现代伟大的文学家、思想家和革命家。毛泽东高度评价鲁迅，尊称他为中国"文化新军的最伟大和英勇的旗手"。

喋血（diéxuè）：血流遍地（杀人很多）。

忧忡：形容忧愁不安的样子。

忡（chōng）：忧虑不安。

氤氲（yīnyūn）：形容烟或云气浓郁。

时代背景

1961 年 10 月 7 日，毛泽东亲抄鲁迅《无题》一诗："万家墨面没蒿莱，敢有歌吟动地哀。心事浩茫连广宇，于无声处听惊雷。"书赠日本访华的朋友们。这两首绝句当是在此期间写的。

赏　析

毛泽东一贯号召学习鲁迅，在《新民主主义论》中指出："鲁迅是中国文化革命的主将，他不但是伟大的文学家，而且是伟大的思想家和伟大的革命家。鲁迅的骨头是最硬的，他没有丝毫的奴颜和媚骨，这是殖民地半殖民地人民最可宝贵的性格。鲁迅是在文化战线上，代表全民族的大多数，向着敌人冲锋陷阵的最正确、最勇敢、最坚决、最忠实、最热忱的空前的民族英雄。鲁迅的方向，就是中华民族新文化的方向。"

这两首七律，都写得质朴平实。第二首从起句便平仄失调，可能是属于写作后忘记或手稿散佚而没有再修订的未定稿。

杂言诗·八连颂

1963 年 8 月 1 日

好八连，天下传。为什么？意志坚。为人民，几十年。

拒腐蚀，永不沾。因此叫，好八连。解放军，要学习。

全军民，要自立。不怕压，不怕迫。不怕刀，不怕戟。

不怕鬼，不怕魅。不怕帝，不怕贼。奇儿女，如松柏。

上参天，傲霜雪。纪律好，如坚壁。军事好，如霹雳。

政治好，称第一。思想好，能分析。分析好，大有益。

益在哪？团结力。军民团结如一人，试看天下谁能敌。

注 释

这首诗最早发表在 1982 年 12 月 26 日《解放军报》。

好八连：1963 年 4 月 25 日，国防部批准授予驻守上海某部八连"南京路上好八连"的光荣称号。1949 年 5 月，这个连队进驻上海南京路。14 年里，连队身居闹市，一尘不染，勤俭节约，克己奉公，热爱人民，助人为乐。作者因此写诗赞美他们。

腐蚀（fǔshí）：使人在坏的思想、行为、环境等因素影响下逐渐变质堕落。

魅：古代传说中的鬼怪。

霹雳（pīlì）：云和地面之间发生的一种强烈雷电现象，响声很大。也叫落雷。

赏 析

"在民歌和古典诗歌基础上发展新诗"是毛泽东于 1958 年提出的。于此前后，他还提出过"从民歌中吸取养料和形式，发展为一套吸引广大读者的新体诗歌"，并且曾认为要依此方向努力，大约需要 50 年或可达到成功。这些都是毛泽东谈及"发展新诗"问题时说的。这样看来，我们实可以把这首杂言诗看作毛泽东依照自己的主张试写的一首新体诗歌。这也是我们所见到的毛泽东唯一的一首新诗。它的特殊意义及重要价值当即在此。可惜这种试验只偶一为之，漫说 50 年，甚至不曾看到过第二篇。这样，便使着这首杂言诗摆在毛泽东诗词中，显得有些异样、孤立，也难以就其创作实践的原则来进行检验，但可作为一件珍贵的历史文献来传诵。

七绝·贾谊

1964 年

贾生才调世无伦，哭泣情怀吊屈文。

梁王堕马寻常事，何用哀伤付一生。

注　释

这首诗根据抄件刊印。

贾生才调世无伦：本句用李商隐《贾生》句"贾生才调更无伦"。贾生，指贾谊（前200—前168），洛阳（今河南洛阳东）人，时称贾生，西汉政论家、文学家。初被汉文帝召为博士，不久迁为太中大夫。文帝想任为公卿，因遭大臣周勃、灌婴等排挤，贬为长沙王太傅。才调，指才气、才能。

吊屈文：贾谊贬为长沙王太傅后，渡湘江时有感于屈原忠而见疏，作《吊屈原赋》，"因以自喻"。

梁王堕马寻常事，何用哀伤付一生：贾谊后被征拜为梁怀王太傅，因梁怀王堕马而死，他认为自己"为傅无状"，忧郁自伤，不久去世。作者非常赞赏贾谊的才华，认为他因哀伤而死不值得，并感到很惋惜。

时代背景

贾谊初被汉文帝召为博士，不久迁为太中大夫。文帝想任为公卿，因遭大臣周勃、灌婴等排挤，贬为长沙王太傅、梁怀王太傅。曾多次上书，建议削弱诸侯王势力，劝农立本，使无业游民转归农亩。其政论文有《过秦论》《陈政事书》（称《治安策》）《论积贮疏》等。因政治抱负无从施展，甚不得意，过湘水时曾作《吊屈原赋》，借悼惜屈原不幸遭遇，抒发自己怀才不遇之感慨。贾谊 33 岁时忧郁而死，有《新书》。

赏 析

此诗简明，是抒写读书时的偶感。就事论事，有惜才之心。这么想，作如此评价，只能是在我们新时代新社会里。若参照苏轼《贾谊论》，便另有一番讲究。苏轼着眼点是"非才之难，所以自用者实难"。他说："惜乎贾生王者之佐，而不能自用其才也。"于是纵论一番，最后说："愚深怨生之志，故备论之。亦使人君得如贾生之臣，则知其有狷介之操，一不见用，则忧伤病沮，不能自振。而为贾生者，亦谨其所发哉！"请看，同样作为接受主体，引出的感慨就大大的不相同了。

七律·咏贾谊

1964 年

少年倜傥廊庙才，壮志未酬事堪哀。

胸罗文章兵百万，胆照华国树千台。

雄英无计倾圣主，高节终竟受疑猜。

千古同惜长沙傅，空白汨罗步尘埃。

注 释

这首诗根据抄件刊印。

少年倜傥廊庙才：本句是说，贾谊年少有才，豪爽洒脱，是国家的栋梁之材。据《汉书·贾谊传》载，贾谊18岁时，以能诵读诗书，善文章，为郡人所称；20多岁任博士，一年之内超迁为太中大夫。廊庙，指朝廷。廊庙才，指才能和才气可任朝廷要职的人。倜傥（tìtǎng），洒脱、不拘束。

胸罗文章兵百万：胸罗文章，指贾谊胸有锦绣文章。他的政论文如《过秦论》《治安策》《论积贮疏》等，提出了一系列治国策略和改革制度的主张，表现出卓越的政治远见和才能。兵百万，比喻贾谊的治国策略好像统军韬略，能指挥百万军队。

胆照华国树千台：胆照，肝胆相照。华国，即华夏，这里指汉王朝。树千台，指建立众多的诸侯国。汉制设立"三台"，即尚书为中台，御史为宪台，谒者为外台。建立众多的诸侯国则势将设立"千台"。贾谊主张加强中央集权，削弱诸侯王势力。他在《治安策》中指出："欲天下之治安，莫若众建诸侯而少其力。"

雄英：出类拔萃的人。

圣主：借用古代称颂帝王的惯用语，这里指汉文帝。

长沙傅：指被贬谪为长沙王太傅的贾谊。

空白汨罗步尘埃：空白，徒然说。汨罗，即汨罗江，在湖南省东北部。这里化用屈原自沉汨罗江的典故。步尘埃，即步后尘。贾谊虽没有投江而死，但因梁怀王堕马死而忧伤死去，同于屈原的投江，还是步了后尘。尤其是屈贾的政治命运相同，都是因谗遭贬，壮志未酬。

时代背景

贾谊，见前诗《七绝·贾谊》。两首诗都是根据抄件刊印，没有记写作时日，很可能是同时写的，先写成《七绝·贾谊》，兴犹未尽，继而又写了这首《七律·咏贾谊》。

赏　析

此诗仍是很明净的感慨，不外惜才之意，对壮志未酬者，付以无限同情。比《七绝·贾谊》更充实些，主题则相同。廊庙、圣主，均陈词，语意平实，不见现实联系的踪影。

七律·洪都

1965 年

到得洪都又一年，祖生击楫至今传。

闻鸡久听南天雨，立马曾挥北地鞭。

鬓雪飞来成废料，彩云长在有新天。

年年后浪推前浪，江草江花处处鲜。

注 释

洪都：旧南昌府的别称。隋、唐、宋三代曾以南昌为洪州治所，又为东南都会，因而得名。这里指南昌市。

时代背景

1965 年夏毛泽东在巡视江南过程中，曾于 5 月 25 日至 29 日在井冈山写过《水调歌头·重上井冈山》和《念奴娇·井冈山》两词，此诗当作于其前后，南昌正在往返井冈山途中。作为一首述怀明志的政治诗，当年时势，诗的政治背景，自与"重上井冈山"的豪情是相衔接的。

赏　析

这是一首述怀明志的政治诗。当时诗人正在满怀着"重上井冈山"的"豪情"巡视大江南北，来到南昌这个 1927 年"八一"起义、中国工农红军诞生的圣地，从而顺理成章，联想起历史上祖逖击楫、立誓报国的往事。这诗的首联起得自然，而又极有气势，平平道出，似不经意，却在精神上贯注全篇，并暗示南昌乃惯游之地，且直接唤出下文。颔联即径由祖逖击楫，说到祖逖和他的好友刘琨闻鸡起舞的故事。出句化用"闻鸡"这一为人熟知的旧典，轻巧地逗出"久听江南雨"，这才重落到实处。久听江南雨，是自述诗人在我国南方生活战斗历有年头，经历了风风雨雨：既有国家艰危的风雨，又有革命受挫的风雨。毛泽东早年就胸怀救国救民的大志，后来投身中国革命洪流，在三十多岁时创建了中央革命根据地，特别是独创性地开辟了农村包围城市的道路，为中国革命的胜利作出了不可磨灭的贡献。凡此一切，当都蕴涵在这"久听江南雨"中。颔联对句则写诗人在我国北方的戎马生涯。经过二万五千里长征，到了我国的北方。在抗日烽火中，领导八路军、新四军进行了惊天动地的民族解放战争，战胜了日本侵略者；在解放战争中，又运筹帷幄，指挥人民解放军进行了震惊中外的大战，推翻了蒋家王朝，建立新中国。诗中"立马""挥鞭"，亦如《六言诗·给彭德怀同志》的"谁敢横刀立马"，又如朱德《出征》诗"立马太行侧"，雄壮威武，大气磅礴。颔联生动形象地对诗人及其群体大半生革命生涯作了高度的艺术概括，成了脍炙人口的名句。

颈联出句笔锋陡转，出人意料地自书两鬓飞霜，年迈衰老，感到力气不足了。实则，"废料"云云，只是在"久有凌云志"中近似乎自嘲的偶一闪念，而非"顾影古稀徒自怜"也。绝非！勿宁乃是故作语气迭荡，以诙谐的口气，表达如曹操《龟虽寿》诗"老骥伏枥，志在千里；烈士暮年，壮心不已"的心情。这于对句的一片葱茏中透露了消息："彩云长在有新天"，这岂不是说病树前头万木春，革命自有后来人吗？是的，马克思主义真理和共产主义理想永葆革命的青春，在科学真理和革命理想的光辉照耀下，我国就会有社会主义以至共产主义的新天地。这些才是颈联的真意所在，并从而引向尾联。尾联两句，诗人写对我国未来的展望和憧憬。后浪推前浪，寓有新陈代谢、一代胜过一代之意。宋代《过苕溪》："只看后浪催前浪，当悟新人换旧人。"诗人于此，正是说的年年新人换旧人、新事物代替旧事物，我国就会日新月异，不断前进。"江草江花处处鲜"，形象地描绘了我国欣欣向荣的锦绣前程。诗人移情于物，托景寄情，对我国未来殷殷期待，其情意是极为感人的。或谓：时当 1965 年夏，诗人南巡，在政治上是有具体奋斗目标的，诗中意有所指，当可一一落实。我们说：事或当然，理实不必。"路漫漫其修远兮，吾将上下而求索。"吾人读诗，难道还非得测量出屈原的路到底走了多么长吗？诗是现实的反映，但诗不复制现实，无所明指的象征性可以长存，复制品却不能。毛泽东此诗，正是以含蓄手法揭示主题，内涵丰富，寄慨遥深，富有象征意义，使诗篇的高度得到了升华。

有的论者指出：这首诗同毛泽东的绝大多数诗词一样，继承和发展了宋代苏轼、辛弃疾为代表的豪放派风格。诗的意境雄浑，气象恢宏，意蕴深长，格调高昂，是一首充满生气的好诗，能给人以力量、信心和希望（吴正裕《读新发表的毛泽东诗词二首》）。

七律·有所思

1966 年 6 月

正是神都有事时，又来南国踏芳枝。

青松怒向苍天发，败叶纷随碧水驰。

一阵风雷惊世界，满街红绿走旌旗。

凭栏静听潇潇雨，故国人民有所思。

注　释

此诗最早发表于中央文献出版社 1996 年 9 月版《毛泽东诗词集》。

神都：指首都北京。

踏芳枝：指作者的南巡。

凭栏静听潇潇雨：化用南宋岳飞《满江红·怒发冲冠》中"凭栏处，潇潇雨歇"句。潇潇，形容急骤的雨势。

时代背景

毛泽东写这首诗的前后，正在南方巡视。1966年5月15日至6月15日，在杭州，途经长沙于17日到韶山滴水洞，在滴水洞住了11天；28日赴武汉。本诗作于韶山滴水洞。

第三编

祭母文

1919 年 10 月 8 日

呜呼吾母，遽然而死。寿五十三，生有七子。

七子余三，即东民覃。其他不育，二女二男。

育吾兄弟，艰辛备历。摧折作磨，因此遘疾。

中间万万，皆伤心史。不忍卒书，待徐温吐。

今则欲言，只有两端。一则盛德，一则恨偏。

吾母高风，首推博爱。远近亲疏，一皆覆载。

恺恻慈祥，感动庶汇。爱力所及，原本真诚。

不作诳言，不存欺心。整饬成性，一丝不诡。

手泽所经，皆有条理。头脑精密，劈理分情。

事无遗算，物无遁形。洁净之风，传遍戚里。

不染一尘，身心表里。五德荦荦，乃其大端。

合其人格，如在上焉。恨偏所在，三纲之末。

有志未伸，有求不获。精神痛苦，以此为卓。

天乎人欤？倾地一角。次则儿辈，育之成行。

如果未熟，介在青黄。病时揽手，酸心结肠。

但呼儿辈，各务为良。又次所怀，好亲至爱。

或属素恩，或多劳瘁。大小亲疏，均待报赉。

总兹所述，盛德所辉。必秉惓忱，则效不违。

致于所恨，必补遗缺。念兹在兹，此心不越。

养育深恩，春晖朝霭。报之何时？精禽大海。

呜呼吾母，母终未死。躯壳虽隳，灵则万古。

有生一日，皆报恩时。有生一日，皆伴亲时。

今也言长，时则苦短。惟挈大端，置其粗浅。

此时家奠，尽此一觞。后有言陈，与日俱长。

尚飨！

注 释

遽（jù）然：骤然，突然。

遘（gòu）：相遇，相逢。

恺恻（kǎicè）：和乐恻隐。

诓（kuáng）言：谎骗，说谎话。

整饬（chì）：整顿使有条理。

荦荦（luòluò）：（事理）明显。

赉（lài）：赐予，给予。

秉（bǐng）：掌握、主持。

捆忱（kǔnchén）：诚恳，忠诚。

兹：这个，此。

隳（huī）：毁坏，崩毁。

挈：携带，率领。

觞（shāng）：古代酒器，进酒。

飨（xiǎng）：用酒食招待客人，泛指请人受用。

赏　析

　　毛泽东的父母分别逝世于 1920 年 1 月 23 日和 1919 年 10 月 5 日，葬于距其故居不到 1 公里的象鼻山上。墓地左右两侧树两块汉白玉石，上刻毛泽东撰写的《祭母文》和《祭母灵联》。一代伟人的双亲墓葬亦很简朴，到此凭吊，让人不禁唏嘘感叹。

　　《祭母文》全篇记述了母亲的养育深恩和盛德高风，字里行间凝结着母慈子孝的真诚情义，也深深地追忆了母亲平生对他的养育之恩，由衷地表达了他对母亲的孝敬之情，更表现出了毛泽东面对自己至亲至爱之人去世之时的沉痛哀悼的心情。

　　毛泽东的母亲文素勤，系湖南湘乡棠佳阁人，嫁给湘潭韶山毛顺生为妻，按当地习俗称毛文氏。

　　1919 年，毛泽东母亲患病。当时毛泽东在长沙读书，得知消息，急忙赶回家把母亲接到省城治疗，可是由于其他病症并发不治离世，终年53 岁。母亲去世，毛泽东万分悲痛，用泪和墨写下了《祭母文》和两副灵联。

　　灵联其一曰：

　　　　疾革尚呼儿，无限关怀，万端遗恨皆须补；

长生新学佛，不能住世，一掬慈容何处寻。

其二曰：

春风南岸留晖远，

秋雨韶山洒泪多。

毛泽东又致书同学兼好友邹蕴真，再次赞扬母亲的美德。他在信中这样写道：

"世上共有三种人：损人利己的，利己而不损人的人，可以损己而又利人的人。我的母亲该属最后一种人。"（摘自《毛泽东故土家族探秘》）

归国谣

1919 年

今宵月，直把天涯都照彻，清光不令青山失，

清溪却向青滩泄。鸡声歇，马嘶人语长亭白。

注 释

照彻：照遍。

马嘶：马的嘶鸣，喻将踏上征程。

时代背景

1918年4月，毛泽东等人筹划成立了新民学会。学会成立不到三个月，毛泽东就从湖南第一师范毕业了。此后，他和学会的主要负责人全力投入留法勤工俭学的运动中。他积极开展爱国运动，抗议巴黎和会，继而主编《湘江评论》，开展驱逐张敬尧（湖南督军，北洋军阀头子段祺瑞在湖南的爪牙）的秘密活动。第二年，张被迫离开了湖南。在如此繁忙的革命活动中，毛泽东面对"良宵夜月"写下了这首动人的诗篇。

赏　析

"今宵月，直把天涯都照彻。清光不令青山失。　清溪却向青滩泄。鸡声歇，马嘶人语长亭白。"这首诗采用含蓄的表达方法，以对紧密相连的两个境界的描写，来抒发作者的感情。第一个境界："今宵月"的清辉照彻广阔无涯、平和的世界，目光所及的是一座座青山，没有被夜色淹没。清澈的溪水流向碧绿的水滩。这是非常具体的形象描写。第二个境界：明月下雄鸡停止了啼鸣，曙光初露，马嘶人语。这也是很形象的描述，有静有动，前静后动，既不单调又真实自然，是一首表达驱张运动成功后，诗人优美心情的极富韵味的诗歌。

祭文·祭黄帝陵

1937 年 3 月

赫赫始祖，吾华肇造。胄衍祀绵，岳峨河浩。

聪明睿知，光被遐荒。建此伟业，雄立东方。

世变沧桑，中更蹉跌。越数千年，强邻蔑德。

琉台不守，三韩为墟。辽海燕冀，汉奸何多！

以地事敌，敌欲岂足？人执笞绳，我为奴辱。

懿维我祖，命世之英。涿鹿奋战，区宇以宁。

岂其苗裔，不武如斯。泱泱大国，让其沦胥？

东等不才，剑屦俱奋。万里崎岖，为国效命。

频年苦斗，备历险夷。匈奴未灭，何以家为？

各党各界，团结坚固。不论军民，不分贫富。

民族阵线，救国良方。四万万众，坚决抵抗。

民主共和，改革内政。亿兆一心，战则必胜。

还我河山，卫我国权。此物此志，永矢勿谖。

经武整军，昭告列祖。实鉴临之，皇天后土。

尚飨！

注　释

黄帝陵：中华民族的祖先轩辕黄帝的陵园。因位于延安黄陵县城北约 0.5 公里的桥山之上，故又称桥陵。汉司马迁《史记》称："黄帝崩，葬桥山。"桥山黄帝陵相传创自汉代。

时代背景

这篇祭文，作于 1937 年 3 月，由毛泽东起草，毛泽东、朱德两人署名。1937 年 4 月 5 日，林伯渠（林祖涵）受毛泽东、朱德委派，代表中华苏维埃全体人民在陕西省黄陵县黄帝陵祭陵仪式上宣读此祭文。

赏　析

这篇祭文，实际上是毛泽东代表中国共产党发布的号召全民族抗战的宣言书，也是中国共产党及其领导的军民誓为抗日救亡之先驱的"出师表"。

七绝·有感仿陆放翁令《示儿》诗

1958 年 12 月 21 日

人类今娴上太空，但悲不见五洲同。

愚公尽扫饕蚊月，公祭毋忘告马翁。

注　释

饕（tāo）：贪财，贪食。

时代背景

1958 年，毛泽东作这首诗，反映其志不只在中华而胸怀环宇。在 1958 年党的八大二次会议上，面对美苏两国激烈的太空角逐，毛泽东高瞻远瞩，作出了发展新中国航天事业的伟大战略决策。毛泽东说："苏联去年把卫星抛上了天，美国在几个月前，也把卫星抛上天。那么，我们怎么办？我们也要搞人造卫星。我们要抛就抛大的，要干就干一两万公斤的；也许要从较小的抛起，但我们也要从一两千公斤的开始，我们不干美国鸡蛋那么大的。"

七律·改鲁迅《亥年残秋偶作》

1959 年 12 月

曾警秋肃临天下，敢遣春温上舌端。

尘海苍茫沉百感，金风萧瑟走高官。

喜攀飞翼通身暖，苦坠空云半截寒。

悚听自吹皆圣绩，起看敌焰正阑干。

附：鲁迅原诗

亥年残秋偶作

曾惊秋肃临天下，敢遣春温上笔端。

尘海苍茫沉百感，金风萧瑟走千官。

老归大泽菰蒲尽，梦坠空云齿发寒。

竦听荒鸡偏阒寂，起看星斗正阑干。

注　释

此诗根据作者审定的铅印件刊印。

秋肃：形容秋天肃杀、萧条。《汉书·礼乐志》就有"秋气肃杀"语。这句警告帝国主义推行侵略政策和战争政策将给世界人民带来灾难。

春温：形容春天的明媚温煦，借喻赫鲁晓夫美化帝国主义。1959年9月赫鲁晓夫访美同艾森豪威尔总统会晤，之后鼓吹这次会晤是"在国际关系的气氛中引起了转暖的某种开端"，赞扬艾是"明智派"，是"真诚希望和平"。

萧瑟（xiāosè）：形容风吹树木的声音。

走高官：指赫鲁晓夫奔走访美一事。

悚（sǒng）：害怕。

阑干：纵横之意，这里引申为放肆、嚣张。

鲁迅原诗注：《鲁迅日记》1935年月12月5日："为季缴（jiǎo）书一小幅云：'曾惊秋肃临天下……'"

菰（gū）：多年生草本植物，生长在池沼里，花单性，紫红色。嫩茎的基部经黑粉菌寄生后，膨大，可做蔬菜吃，又叫茭白。

蒲（pú）：指菖蒲。多年生草本植物，生在水边。根状茎可做香料，也可入药。

齿发寒：即齿冷，耻笑（笑则张口，时间长了，牙齿就会感觉到冷）。

竦（sǒng）："悚"。

荒鸡：清代周亮工《书影》卷四："古以三鼓前鸡鸣为荒鸡。"

阒（qù）：形容没有声音。

时代背景

毛泽东根据1959年国际局势，借用鲁迅这首诗作的意境与词句，改成了这首政治讽刺诗，以抒发自己对现实的感怀。

赏 析

诗的首联"曾警秋肃临天下，敢遣春温上舌端。"作者曾警醒地指出美帝国主义妄图称霸世界，不断加剧"冷战局面的事实"，有如秋天的肃杀之气降临天下，可是赫鲁晓夫公然摇唇鼓舌地赞扬美帝国主义头子艾森豪威尔是"明智派"，"真诚希望和平"，说什么苏美首脑会晤"在国际气氛中引起了某种转暖的开端"，使"冷战"的冰块在开始融化等，编造"春温"的谎言以欺骗世界人民。

颔联"尘海苍茫沉百感，金风萧瑟走高官。"诗人面对动荡多事的世界形势，思虑感慨很多，都暂时地搁下了，但注意到了这年秋天赫鲁晓夫访美，苏美勾结要干什么呢？

颈联"喜攀飞翼通身暖，苦坠空云半截寒。"上句描绘赫鲁晓夫坐专机欣然飞往美国的情态；下句估计赫鲁晓夫不会有好的命运，终究会自食苦果。"通身暖"对"半截寒"，对仗精工，造语极妙。

尾联"悚听自吹皆圣绩，起看敌焰正阑干。"上句讽刺挖苦赫鲁晓夫。赫鲁晓夫在访美期间，吹嘘"苏联发展国民经济的七年计划完成以后，不折不扣地将使苏联达到美国的经济发展水平"，说他们的原子破冰船"不仅划破海洋中的冰层，并且要划破'冷战'的冰层"等。这些自我吹嘘，让人感到毛骨悚然。后句指出帝国主义扩军备战的嚣张气焰正放肆纵横，进一层批驳了赫鲁晓夫。

七律·读《封建论》呈郭老

1973 年 8 月 5 日

劝君少骂秦始皇，焚坑事业要商量。

祖龙魂死秦犹在，孔学名高实秕糠。

百代都行秦政法，"十批"不是好文章。

熟读唐人《封建论》，莫从子厚返文王。

注　释

此诗录自中央文献出版社 2003 年版《毛泽东诗词全编鉴赏》。

《封建论》：柳宗元的一篇历史评论文章。"封建"是指自东周以来的对有功大臣贵族分疆封侯赐赏领地的制度，诸侯在自己的管辖范围内，政治军事上拥有绝对权力，往往形成对中央"尾大不掉"的局面，正是这个割据造成了春秋战国的战乱局面。秦始皇完成统一大业之后以中央集权下的36个郡邑代替诸侯领地分封，经过汉代的平定藩镇之乱实现权力集中后，可谓"百代都行秦政法"。

子厚：即柳宗元（773—819）。

时代背景

《七律·读〈封建论〉呈郭老》是我们所见毛泽东的最后一首诗。作于"文化大革命"后期，有其特殊的思想背景与政治背景。

1973年8月5日，毛泽东对江青念出这首诗，要她当场手记。毛泽东呈诗郭沫若，主要是他不同意郭老研究政治思想史时表现出的扬儒抑法倾向，郭老的《十批判书》是其代表性言论，因而以诗提出批评探讨意见。

第四编

儿歌·应舞狮

1902 年

狮子眼鼓鼓，擦菜子煮豆腐。

酒放热气烧，肉放烂些煮。

注　释

此诗源于中央文献出版社 1992 年 3 月出版的《毛泽东与文艺传统》
（陈晋著）。

舞狮：我国一项传统的民间活动，起源于三国时期，南北朝开始流行。
每逢元宵或集会庆典，民间都以此节目助兴。

赏　析

　　毛泽东 8 岁时，春节于外婆家看舞狮，狮子恰巧舞到毛泽东跟前。当地有狮子舞到跟前需吟诗的规矩，毛泽东即脱口而出，是为此诗。这首活泼有趣的顺口溜，从一个儿童的视角，生动地描写了狮子的可爱形象和烧酒煮肉的热闹农村气氛。"擦菜子"是湖南老乡自制的一种腌菜，"擦菜子煮豆腐"是湖南人十分喜欢吃的菜。朴素的语言中散发着浓郁的乡土气息。

五古·井赞

1906 年

天井四四方，周围是高墙。

清清见卵石，小鱼囿中央。

只喝井里水，永远养不长。

注 释

五古：五言古诗的简称。每句五个字，句数不限，偶句押韵，首句可押可不押，可以换韵，不像五律那样讲究平仄对仗。

囿（yòu）：原意指养动物的园子，如鹿囿、园囿。诗里指局限、被限制，如囿于成见。

时代背景

该诗一说认为在辍学之前。1906 年，毛泽东到韶山井湾里私塾读书，在课堂上他经常偷看一些书。一天，老师毛宇居正在课堂上讲《论语》，毛泽东又把《水浒全传》偷偷藏在《论语》的下面看起来。老师发现后，气愤地将毛泽东拉出教室，指天井为题要他赋诗，如果作不出就要打屁股，还要告诉他的父亲。13 岁的毛泽东望着被青砖严严实实围砌着的天井，知道天井里的积水不满一尺，里面有几条从溪中抓来的小鱼在水底的鹅卵石上撞来撞去……蓦地，他觉得自己此时也像这井中的小鱼，于是此诗脱口而出。（此说引自湘潭市党史办：《毛泽东与湘潭》，中共党史出版社 1993 年版，第 87 页）

另一说认为，在私塾时，有一天，老师毛宇居外出办事，临走时强调学生必须在屋子里面读书，不准擅自出私塾。可是，老师一走，毛泽东就爬上了私塾后山，一边背书，一边摘毛栗。书背熟了，毛栗也摘了一书包。回到私塾后，毛宇居责问："是谁叫你跑出去的？"毛泽东巧妙地回答说："闷在屋里头昏目胀，死记硬背也是空的。"毛宇居很不高兴，毛泽东就说："那你叫我背书好了。"毛宇居知道背书难不倒他，就心生一计，指着院子里的天井，罚毛泽东作诗赞井。毛泽东随即就写下了这首诗，既赞了井，也抨击了老师的只求死记硬背的教学弊端。毛宇居听罢，转怒为喜，连声夸赞，也饶了调皮聪明的毛泽东。（参见：《毛泽东的启蒙老师毛宇居》，《老友》杂志）

赏 析

此诗整齐而又清纯，诗中强烈地流露出作者不甘做井中之鱼，要走出这个小小而又狭窄世界的意愿。

农业经济赋予我们中华民族的美德太多了。中国人那种勤劳节俭的品性、对大自然及田园生活的留恋、经验主义的思维方式及平均主义的大同理想都是农业文化的产物。

田园生活宁静的文明，同顺其自然、消极、依赖、苟安、因袭、保守、空想等的心理有着天然的联系，它导致了中国文明数千年的停滞不前。

明末清初，江山易主，社稷沦亡的惨祸，促使大批士大夫大彻大悟地反思民族传统文化的沉疴，反思儒家道学传统对人格塑造的严重阻碍。

这一时期，顾炎武、王夫之、黄宗羲、颜习斋等一大批士林精英猛烈抨击空谈心性、鄙薄事功、重文轻质的道学遗风。

青少年时代的毛泽东对他们的行为十分仰慕，这在他写的《讲堂录》《体育之研究》中随处可见。在《体育之研究》中，毛泽东在强调体育对人的重要性时，就曾尖锐地批判了传统儒生的精神气质，高度称赞了颜、顾等人的豪杰品性。他指出："昔之学者详德智而略于体。及其弊也，偻身附首，纤纤素手，登山则气迫，涉水则足痉。故有颜子则短命，有贾生而早夭，王勃、卢照邻，或幼伤，或坐废。此皆有甚高之德与智也，一旦身不存焉，德智则从之而隳矣。惟北方之强，任金革死而不厌；燕赵多悲歌慷慨之士；烈士武臣，多出凉州。清之初世，颜习斋、李刚主文而兼武。习斋远跋千里之外，学击剑之术于塞北，与勇士角而胜焉。故其言曰'文武缺一岂道乎？'顾炎武，南人也，好居于北，不喜乘船而喜乘马。此数古人者，皆可师者也。"在近代，湖湘地区涌现了一大批彪炳千秋的英雄，他们勇猛刚强、坚韧不拔的豪杰气概，一扫中国传统知识分子文弱纤纤的气质，为国人特别是知识分子树立了一种崭新的人格理想。青少年毛泽东喜"动"，不喜"静"。对程朱理学主"静"的人生观提出了尖锐的批评。在动静关系问题上，毛泽东的老师杨昌济继承程朱理学，提倡"静"与"敬"的人生态度。他讲授伦理学课时，不仅大力提倡入静的道德内省功夫，而且还身体力行，躬行静坐默思的人格砥砺功夫。他曾在北京大学发起成立"静坐协会"，每日下午在蒲团上静坐两小时。青年毛泽东在诸多方面均受到杨昌济老师的思想感染，但天生"动"的人格却决定了他难以苟同杨昌济老师的这一主张。他反倒倾心于陈独秀、李大钊对中国传统"静的文明"的批判。

思想决定行为、决定习惯、决定性格、决定命运。毛泽东从小就表现出的这种"动"的思想决定了他的伟大、革命的一生。

五古·咏指甲花

1906 年

百花皆竞春，指甲独静眠。

春季叶始生，炎夏花正鲜。

叶小枝又弱，种类多且妍。

万草被日出，惟婢傲火天。

渊明独爱菊，敦颐好青莲。

我独爱指甲，取其志更坚。

注　释

此诗源于西苑出版社 1993 年 9 月出版的《毛泽东故土家族探密》（高菊村等著）。

指甲花：又名凤仙花。性喜阳光，耐热，生存力强，适应性好。

妍（yán）：美丽。

被：古同"披"，覆盖。

渊明：陶渊明（约 376-427），字元亮，自号"五柳先生"，浔阳柴桑（今江西省九江市）人。出生于一个衰落的世家，生活在晋宋易代之际。父亲早死，因家贫，曾做过几年的官，却因"质性自然"，不愿"以心为形役"、不肯"为五斗米折腰，拳拳事乡里小人"而解绶去职，过起了躬耕自足的田园生活。他自小体弱多病，曾作《五柳先生传》以自况，称自己"闲静少言，不慕荣利。好读书，不求甚解；每有会意，便欣然忘食"，"性嗜酒"，然而"家贫，不能常得"；日子虽然过得很艰苦（"环堵萧然，不蔽风日；短褐穿结，箪瓢屡空"），他却能安贫乐道，忘怀得失。"不戚戚于贫贱，不汲汲于富贵"是他一生的真实写照。陶渊明深受后世文人骚客推崇。

敦颐：周敦颐，宋营道楼田堡（今湖南道县）人，北宋著名哲学家，是学术界公认的理学派开山鼻祖。他写过著名的《爱莲说》。

赏　析

夏天，毛泽东到外婆家附近的保安寺玩耍，看到了寺院四周盛开着色彩斑斓的凤仙花。凤仙花是一种不择土壤、随处生长的小花，因花瓣可用来染指甲，故俗称指甲花。望着顽强生长、傲暑盛开的指甲花，少年毛泽东不禁萌生写诗欲望，并联想起古人各得其趣的咏花诗文：陶渊明归隐田园，独爱菊花；周敦颐生性清高，独爱莲花。此时的毛泽东却偏爱枝叶弱小、意志坚强的指甲花。从保安寺归来，毛泽东吟成了这首五言诗。这首诗以浅近、明快的语言，描写了指甲花的生长特性和笑傲炎夏的坚强性格，结尾点明题旨，寄托了少年毛泽东高尚的理想和情操。

杂言诗·耕田乐

1907 年

耕田乐，天天有事做。近冲一墩田，近水再墩望，多年副产积满仓。农事毕，读书甚馨香，坐待时机自主张。

注 释

本诗源于吉林人民出版社 1994 年版《毛泽东大系》。

杂言诗：旧体诗的一种，全诗每句字数不固定。

馨香：散布很远的芳香、香气，这里形容芳香馥郁。

主张：对于如何行动持有某种见解。

赏 析

1893 年 12 月 26 日,毛泽东出生于湖南省湘潭县韶山冲一个农民家庭。毛泽东少年时,他的父亲就让他耕田管家记账承祖业。毛泽东放了学就下田务农,晚上帮父亲记账。

在这段时间里,毛泽东对父亲的严厉感受也很深,据后来他回忆说,"父亲是一个严格的监工,看不得我闲着,如果没有账要记,就叫我去做农活。他性情暴躁,常常打我和两个弟弟","他的严厉态度大概对我也有好处,这使我干活非常勤快,使我仔细记账,免得他有把柄来批评我。"(引自埃德加·斯诺著,董乐山译:《西行漫记》,三联书店 1979 年版,第 106—107 页)。于是,犁、耙、栽、割,全套耕田活,毛泽东都样样在行。他还常常跟长工争胜,抢重活干,养成了山区农家孩子的本色:吃苦耐劳,勤快朴实,不怕困难。同时,对农民的疾苦他也体会很深。

毛泽东十多岁时就写下了这首《耕田乐》杂言诗,毛泽东少年时体会到的这份耕田乐趣,也是他伟大一生的宝贵财富。

农民是民族民风淳厚的源泉,更是江山稳定的磐石。后来,毛泽东号召知识分子走同工农相结合道路,知识青年到农村去,接受贫下中农再教育。毛泽东的儿子毛岸英从苏联回国后,毛泽东就把他交给了全国劳动模范李顺达同志,到山西平顺县西沟村山沟里种地、养猪、挑大粪,接受劳动锻炼教育。这都与他少年时关心农民农事的情怀有着深深的关系。

毛泽东是一位中国化了的马克思主义者,更是一位农民化了的知识分子。他毕生为中国这块土地上的人民,制定了浩如烟海的原则、方针、政策,其实是树立了一个标准,即对农民、农业、农村的态度,他对"三农"的重视、肯定和推崇,是非常独特的。

1926 年至 1927 年,他就深入农村调查,写出了《中国社会各阶级的分析》《湖南农民运动考察报告》,批判了以陈独秀为代表的"只注意同国民党合作忘记了农民"的右倾机会主义，以张国焘为代表的"只注意工人运动，忘记了农民"的"左倾"机会主义，明确提出了中国无产阶级的最广大和最忠实的同盟军是农民的伟大理论。

1926年前后，毛泽东分别在广州、上海、武汉等地开办农民运动讲习所，为党培养了大批农民运动骨干人才。1927年8月，毛泽东参加"八七"会议，当选为临时中央政治局候补委员，会后任中共中央特派员和湖南省前委书记，领导了湘赣边界农民秋收起义。起义失败后，率部队向井冈山进军。1928年同朱德、陈毅在井冈山会师，创建了中国第一个农村革命根据地，建立了工农革命军第一师，提出了农村包围城市、最后夺取城市和全国政权的战略思想。

1947年9月，毛泽东主持制定了中国第一个《土地法大纲》，在广大解放区实行"耕者有其田"的土地革命运动，提出消灭封建剥削制度，打土豪分田地，发动农民减租减息，在农村确立了贫雇农的领导地位，接着，在农村逐步搞了变工队、互助组、初级合作、高级合作社等，提出了巩固发展壮大集体经济，走共同富裕的社会主义道路。

1945年4月，在最困难的时候，毛泽东提出了"自力更生，生产自给"，号召军队开荒种地，在解放区开展大生产运动，毛泽东亲自"当牛"拉犁耕地，完成自己的生产任务。他还在自己门前种瓜种菜，做到了军队生产自给，改善了部队生活，减轻了农民负担，促进了全国大生产运动。在阜平县城南村政治局会议上，他提出了"军队向前进，生产长一寸；加强纪律性，革命无不胜"的号召，加快了解放全中国的步伐。

1948年4月1日，毛泽东提出"将农村中的一切可能的力量转移到恢复和发展农业生产方面去，组织合作互助，改良农业技术，提倡选种，共办水利，务使增产成为可能。"1951年9月，毛泽东亲自主持制定了《中共中央关于农业生产互助合作的决议草案》，批示全党把农业互助合作当作一件大事去做。毛泽东《农村调查》一书就有21万字。《中国农村的社会主义高潮》的序言和按语有100多篇近100万字。还制定了《农业十七条》《农业六十条》《二十三条》等，提出了以粮为纲、农林牧副渔全面发展的方针。1958年，制定了农业"八字宪法"即土（改良土壤）、肥（合理施肥）、水（兴修水利）、种（培育良种）、密（合理密植）、保（植物保护）、管（田间管理）、工（工具改革）等增产措施。还题写了"农业学大寨""水利是农业的命脉""农业的根本出路在于机械化"等语号召。

七绝·呈父亲

1910 年

孩儿立志出乡关，学不成名誓不还。

埋骨何须桑梓地，人生无处不青山！

注 释

桑梓(zǐ)：指家乡、故乡。古代，人们喜欢在住宅周围栽植桑树和梓树，后来人们就用"桑梓"代称家乡。

时代背景

1910 年初秋，年仅 17 岁的毛泽东离开闭塞的韶山，到离家 25 公里外的湘乡县县立东山高等小学堂继续读书。临行前，他改写了日本明治维新时期政治活动家西乡隆盛〔日本江户时代末期（幕末）活跃的政治家，明治维新的领导人。通称吉之助，号南洲。萨摩藩出身，生于下级藩士家庭。和木户孝允（桂小五郎），大久保利通并称"维新三杰"〕青年时代写的一首诗，夹在父亲每天必看的账簿里。西乡隆盛原诗为："男儿立志出乡关，学不成名死不还；埋骨何须桑梓地，人生无处不青山。"这首诗在日本影响甚大，传入中国后也广为流行。

赏　析

伟大的无产阶级革命领袖毛泽东，不仅在诗词创作上独领风骚，令"千古诗人共折腰"，而且在巧用历代诗词妙句上，也是超古冠今的高手。历代许多诗词，他都能倒背如流。在各种场合的谈话和行文中，他都能信手拈来，使之大为生色，巧妙地说明问题，自然、含蓄而又洒脱地表达思想感情，令人拍手叫绝。毛泽东对历代诗词的灵活运用，简直达到了出神入化的奇妙境界。以上这首诗就是个最好的例子。此诗中"孩儿"原为"男儿"，"誓不还"原为"死不还"，其余的都是西乡隆盛的原诗。这样一改，既恰当地表现出他的身份，又很鲜明地向父亲抒写了他外出求学的坚强决心，读这首诗，我们可以看到毛泽东从少年时代起就有着一心求学、胸怀四方的志向、决心和意志。

毛泽东第一次到上海，是 1920 年 4 月，他一见到陈独秀就把自己十年前改写的这首诗背诵了一遍。精于诗词的陈独秀听后，面露惊喜之色，连声称赞："锐气十足，真是好诗！"陈独秀主编的《青年》杂志第 1 卷第 5 号刊载了此诗。

七绝·咏蛙

1910 年秋

独坐池塘如虎踞，绿杨树下养精神。

春来我不先开口，哪个虫儿敢作声？

注　释

踞：蹲，坐。

时代背景

这是毛泽东在湘乡县县立东山高等小学堂就读时写的一首言志诗。毛泽东从 8 岁起进私塾读书，读的是"四书五经"等儒家典籍。他后来说他在私塾里没有学到什么有用的知识，他收获最大、享受最多的是读旧小说，特别是那些"造反的故事"，如《水浒》《三国演义》等。13岁时，毛泽东辍学回家帮父亲干农活。毛泽东非常渴望继续他的学业，在这个问题上，他与父亲的争吵在 1910 年达到了顶点。父亲打算让毛泽东到湘潭县城的一家米店当学徒,但毛泽东却渴望到一所新式学堂读书。父亲对他的想法置之一笑，这深深刺伤了毛泽东。在湘潭当了半年学徒之后，毛泽东背着父亲从亲戚朋友处东筹西借，为继续求学做好了经济上的准备。就这样，毛泽东从偏僻的韶山来到地处繁华闹市的新式学校东山小学，强烈的反差给毛泽东以巨大的心理冲击。同学中大多是富家阔少，衣着讲究，举止文雅，而毛泽东通常是身着破旧的短衣和裤子，而且他来自外乡，年龄也比其他同学大 6 岁。这个"新来的乡巴佬"受到了大多数同学的嘲笑和敌视。但这种自卑没有让他沮丧，而是激发了他宏伟的抱负和奋发向上的决心。

赏　析

了解了少年毛泽东的那一番曲折经历后，我们再来看毛泽东的这首七言绝句，就能理解到作者写这首诗的用意了。他是在借这首咏蛙诗托物言志，以蛙自比，虽然是小人物，但也有龙虎之姿，也有不凡的气魄。可以说这正是少年毛泽东英雄情怀的绝妙写照。

东山学堂背山面水，院内便河环绕，草木青葱，蛙声不绝。素来热爱山水的毛泽东为之怦然心动，用轻松而充满情趣的笔墨，写下了这首理趣兼备、生动传神的咏志诗。作者通过一只小小的青蛙，表现出了感人心魄的英雄情怀和壮怀激烈的宏大抱负，小中见大。

"独坐池塘如虎踞，绿荫树下养精神"，以静待动、虎虎有生气的青蛙形象栩栩如生地呈现在我们面前。诗人发现了青蛙身上的"虎气""豪气"。"独坐池塘",把青蛙那种万虫之主的英雄气概刻画得入木三分。"虎踞"池塘边,头顶绿荫,修身养性,一种强大的等待着喷薄而发的精神力量正在静悄悄地积蓄着,抒发了诗人广阔的胸襟和不凡的抱负。虽然当时的毛泽东被看作"乡巴佬",但他充满自信,觉得自己要比那些锦衣纨绔的富家子弟有志气得多。毛泽东把好不容易争取来的在东山学堂就读的机会看作是他"养精神"的大好时机。他争分夺秒地吮吸着现代文明的乳汁,寻找着实现自己雄才大略的途径。

"春来我不先开口,哪个虫儿敢作声",由静到动,将诗人"万里江山我为主"的宏大志向表现得淋漓尽致。别看"我"此刻蹲在池塘边默然无声,但当春天到来时,"我"若不叫,别的虫儿都还不敢作声。此两句将诗人天下无敌的英雄豪气推向了高潮,恰如其分地抒发了少年毛泽东"天下兴亡,匹夫有责"的情怀。

五言诗·登高泛海

1913 年 10 月

登祝融之峰，一览众山小；

泛黄渤之海，启瞬江潮失。

注　释

祝融峰：南岳最高峰，海拔 1290 米。祝融峰的名字与上古的神话
有关，相传祝融是黄帝身边的大臣，是火神，他曾以衡山为栖息之所，
死后葬在衡山的最高峰，后人便以它的名字命名该峰。

时代背景

少年毛泽东，很听母亲的话，也爱跟母亲至南岳衡山进香。他15岁那年，母亲病了，他独自跋涉一百多里到衡山"朝山进香"，直达祝融峰。不久，他母亲的病就好了。当然毛泽东是伟人，他真正的心胸在于祖国的美好河山。其实，这次进香也是他的第一次游历。若干年后，毛泽东在长沙第一师范求学期间，在《讲堂录》中记道："游之为益大矣哉！登祝融之峰，一览众山小；泛黄渤之海，启瞬江潮失。马迁览潇湘，泛西湖，历昆仑，周览名山大川，而其襟怀乃益广。"（《少年毛泽东》，京华出版社）

五言排律·湘江漫游联句（残句）

1914 年

晚霭峰间起（萧），归人江上行（萧）。

云流千里远（萧），人对一帆轻（毛）。

落日荒林暗（毛），寒钟古寺生（萧）。

深林归倦鸟（萧），高阁倚佳人（毛）。

注 释

霭：云气，烟雾。

萧：指萧瑜（1894—1976），名子升，又名旭东，湖南省湘乡人，是毛泽东在湖南一师同学，比毛泽东小一岁，却比毛泽东高三届，一师的高材生，也是著名诗人萧三的哥哥。萧瑜 1894 年 8 月 22 日生于湖南省湘乡县萧家冲。1910年在湘乡县东山高等小学堂读书。1911年考入湖南省立第一师范。1915年秋毕业后，到长沙楚怡学校任教。1919年赴法国勤工俭学，是民国初年湖南青年参加赴法勤工俭学的主要策动者之一；在全国性的勤工俭学运动中他亦扮演重要角色。1924年回国，任国民党北平市党务指导委员、《民报》总编辑、中法大学教授、国立北京大学委员兼农学院院长、华北大学校长及国民政府农矿部次长、国立历史博物馆馆长等职。新中国成立后，随国民党政府去台湾地区，后来又到法国、瑞士。1952年去南美乌拉圭，从事教育事业直至去世。

时代背景

1914年，毛泽东在湖南一师读书，与同学萧瑜相交甚厚，课余饭后，他们常常一道在湘江边漫步，谈诗论文，相互唱酬，指点风帆沙鸟、烟树晴岚。一天傍晚，他们又来到湘江畔，晚霞夕照、归鸟轻帆，吸引着他们，目既往还，心亦吐纳，情往似赠，兴来如答。湘江两岸的秀丽风光，大大诱发了两位年轻才子的诗兴，他们即兴联句，对景吟诗……他们的联句应当比较长，可惜萧瑜仅记下了这八句。

赏　析

"联句"，是过去时代作诗的方式之一。两人或多人共作一诗，相续成篇。后来习惯用一人出上句，续者须对成一联；再出上句，轮流相续。我国经典名著《红楼梦》第七十六回就写了林黛玉与史湘云联句的情形。这首诗就是毛泽东与萧瑜"联句"合作的五律诗。两人即兴成诗，轮流相续。诗语生动，对仗工稳，写尽了湘江两岸傍晚时景色，有动有静：江上轻帆，深林归鸟，古寺钟声，耳边萦回；高阁佳人，倚栏眺望；皆是画般的意境。

四言诗·题《明耻篇》

1915 年 5 月

五月七日,民国奇耻。

何以报仇?在我学子!

时代背景

"五月七日，民国民耻"是指 1915 年 5 月 7 日，日本为独占中国，向袁世凯政府提出了五项二十一条秘密条款，5 月 7 日是日本向袁世凯提出的"二十一条"的最后要求答复日期。消息传出，举国上下群情激愤，皆认为是中国之奇耻大辱。当时身在第一师范的毛泽东怀着满腔忧愤写下了这篇题志诗。

赏　析

"五月七日"四字能让人马上想到国耻日，可以说同时也点出了事件。

"民国奇耻"，"奇"字显出耻辱之深之巨之史无前例，也从另一方面表达了以诗人为代表的爱国人士极度的悲愤之感，可谓一字含"千情"！

"何以报仇"，靠谁？怎么来报如此大仇？诗人看到了百年积弱之中华的救星，一声高呼——"在我学子"——这正是那群如初升太阳般的青年的呐喊！他们将以大无畏的精神来创造一个全新的中国！

五律·朱张渡

1915 年

共泛朱张渡，层冰涨橘汀。

鸟啼枫径寂，木落翠微冥。

攀险呼俦侣，盘空识健翎。

赫曦联韵在，千载德犹馨。

注　释

本诗源于 1980 年第二期《湘江文艺》罗章龙文章《亢斋漫游诗话（三）》。

朱张渡：湖南地名。因朱熹、张栻两位大学者而得名。南宋乾道三年（1167）八月，理学大师朱熹从福建崇安专程来潭州（长沙）造访岳麓书院主持张栻。以朱熹为代表的闽学和以张栻为代表的湖湘学派，对理学中的一系列问题进行了交流、讨论，史称"朱张会讲"。从湖南第一师范向西横过书院路，便到了六铺街（现为延建的湘江大道南端）著名渡口——朱张渡。

橘汀：即橘子洲。

俦侣（chóulǚ）：伴侣，朋辈。

翎（líng）：鸟翅和尾上的长而硬的羽毛。

冥（míng）：昏暗。

赫曦：即赫曦台，在岳麓书院入口附近。

联韵：指朱熹、张栻登岳麓山的联句。

时代背景

毛泽东与罗章龙为好友，被称誉为"管鲍之交，后无来者"。1915年的一天，毛泽东去长沙第一联合中学邀罗章龙同游岳麓山。两人登上山顶的岳麓宫后，傍晚又下山来到了赫曦台。他们轻声念着刻在石碑上的联句："泛舟长沙渚，振策湘山岑。烟云渺变化，宇宙穷高深。怀古壮士志，忧时君子心。寄言尘中客，莽苍谁能寻？"这是朱熹与张栻登岳麓山时联的诗句。毛罗两人讨论朱张二人在湖南给后世留下的思想影响，品评诗句，感慨议论，自己也情不自禁诗兴勃发，当即联成此五律一首。只可惜，罗章龙在记录这首诗时，未注明哪几句是他的，哪几句是毛泽东的。这首诗很朴实，叙述了二人登岳麓山的所见、所感。

赏　析

这首诗将历史与现实、自然景色与人文遗迹、状物与抒志融为一体。因为岳麓山是毛泽东精神的孕育地，在这里，他开启了早期的革命实践与理论探索，可以想象他当时登上此山，有一种"究天人之际，通古今之变"的历史意识。此诗开头和结尾"朱张渡"和"赫曦台"都体现了浓厚的历史积淀，表达了作者对古圣贤的敬仰之情，读全诗可以感受到作者当时"为天地立心，为生民请命，为往圣继绝学，为万世开太平"的宽广胸襟。

第二联"鸟啼枫径寂，木落翠微冥"，是一种静态描写，表达了作者在"寂"和"冥"的状态中，与天地融为一体的思考体验与高妙境界。

第三联"攀险呼俦侣，谈空识健翎"，是一种动态描写，表达了作者自强不息、奋发图强的革命意气和战胜险恶、大展宏图的青云之志。

杂言诗·游泳启事

1915 年夏

铁路之旁兮，水面汪洋。

深浅合度兮，生命无妨。

凡我同志兮，携手同行。

晚餐之后兮，游泳一场。

时代背景

这是 1915 年毛泽东在湖南一师发的游泳启事（源于王以平《走出韶山冲》）。游泳是毛泽东一生中最喜欢的体育运动。湘江江宽水深，是毛泽东当年游泳的地方。他胆量大、耐力强，游泳技术又好，不仅能自如地横渡湘江，还能从猴子石游到 10 里远的牌楼口去。毛泽东不仅在夏天游泳，还能"直至隆冬，犹在江中"，能在别人穿棉衣的天气里游上三四十分钟。

新中国成立以后，他曾经多次畅游长江，还写下了一首非常著名的诗词：《水调歌头·游泳》。

七古·游泳

1916 年冬

自信人生二百年，会当水击三千里。

七古：七言古诗。每句七个字，句数不限，偶句押韵，首句可押可不押，不像七律那样讲究平仄对仗。

时代背景

这是毛泽东早期所写一首诗中的诗句，可惜只剩下这两句。毛泽东在文物出版社 1958 年 9 月出版的大字本《毛泽东诗词十九首》的书眉上对这两句诗有这样的批注："水击：游泳。那时初学，盛夏水涨，几死者数。一群人终于坚持，直到隆冬，犹在江中。当时有一篇诗，都忘记了，只记得两句：自信人生二百年，会当水击三千里。"

赏 析

诗人在诗句中所表达的意思是，我很是相信人生会有二百年，如果我能活二百年的话，我可以水击三千里啊。人活二百年是不可能的，这是诗人所作的艺术夸张，揭示了诗人的豪情，同时也抒发了诗人对生命的渴望、对生活的渴望、对未来斗争的渴望。"水击三千里"，体现诗人意志的坚强、志向的宏伟，作者志在"做世界、自然、社会的主宰"的人生目标也透出纸背！

杂言诗·意志之锻炼

1917年4月

夫力拔山气盖世，猛烈而已；

不斩楼兰誓不还，不畏而已；

化家为国，敢为而已；

八年于外、三过其门而不入，耐久而已。

注　释

　　楼兰：汉代西域国名，在今新疆境内，后改名鄯善国。汉武帝元封
三年（前108）归汉。据《汉书·傅介子传》记载：汉昭帝时，楼兰王
勾结匈奴，屡屡反复，杀汉朝使臣。大司马、大将军霍光派傅介子去
征服，傅用计杀楼兰王，楼兰归顺。南北朝诗人庾信在《拟咏怀》（其

十七）中曾有"都护楼兰返"之句，咏颂将士征战卫国。王昌龄在诗中则进一步有所发挥，以"不破楼兰终不还"之句有力地表达了身经百战、金甲磨穿的战士誓死保卫国家的决心和豪情。"不破楼兰终不还"因此成为流传千古的名句。

时代背景

青年毛泽东主张德、智、体全面发展。1917年，针对当时民众轻视体育的倾向，他在《新青年》上发表了《体育之研究》，论述了体育运动的意义、功效、方法和注意事项等。他对体育运动之功效有独到的见解。他认为体育运动除了"强筋骨""增智识"之外，还能"调感情""强意志"。关于"强意志"，他说："夫体育之主旨，武勇也。武勇之目，若猛烈，若不畏，若敢为，若耐久，皆意志之事。"他又写下了这首杂言诗："夫力拔山气盖世，猛烈而已；不斩楼兰誓不还，不畏而已；化家为国，敢为而已；八年于外，三过其门而不入，耐久而已。要皆可于日常体育之小基之。意志也者，固人生事业之先驱也。"毛泽东的这些精辟论述，说明了体育运动可以锻炼意志，说明了意志之于成功人生的意义。

赏　析

毛泽东不仅是伟大的革命家、哲学家、军事家，而且是伟大的诗人。他的诗词是中华民族为争取独立、自由、民主、文明、富强而英勇奋斗的史诗，是中华民族诗词宝库中的璀璨珍品，具有极高的思想性、艺术性和审美价值。他的作品里体现出来的"意志"能给所有人以奋发向上的力量。

"诗言志"是中国诗歌的优良传统。这里的"志"主要是指志气、志向、理想和追求，当然其中也蕴含着意志。意志对人的思想和行动有着重要的作用。认识世界，探索创新，需要有百折不挠、不怕失败的坚强意志；改造世界，将观念转变为现实，更需要有冲破重重阻力、不怕艰难困苦、不怕流血牺牲的顽强意志和毅力。人的生活，尤其是人的历史活动离不开意志。没有人的意志就没有历史活动，也就没有人类历史。没有坚强意志，成就不了伟业；没有坚强意志，成不了伟大的科学家、伟大的革命家……毛泽东在青年学生时代就十分重视意志的锻炼。

在这首杂言诗中，毛泽东改用了盛唐诗人王昌龄的《从军行》（其四）中的句子。"青海长云暗雪山，孤城遥望玉门关。黄沙百战穿金甲，不破楼兰誓不还。"《从军行》最后一句原诗为"不破楼兰终不还"，毛泽东将此句改为"不斩楼兰誓不还"，以激励、锻炼自己的意志，更让他加强了杀敌卫国的决心！

七律·游学即景

1917 年

骤雨东风过远湾，滂然遥接石龙关。

野渡苍松横古木，断桥流水动连环。

（缺两句十四字……）

客行此去遵何路？坐眺长亭意转闲。

注　释

此诗源于萧三文章回忆。

滂（pāng）：形容水涌出。

时代背景

1916 年至 1917 年间，毛泽东和学友萧子升做了历时一个多月的农村调查，也就是"游学"，足迹遍及长沙、宁乡、安化、益阳、沅江五县的许多地方，行程达九百余里。沿途，毛泽东题了不少词，吟咏了不少诗。在安化县城他们还参观了紫云山、东华阁、培英堂、孔庙、北宝塔等名胜古迹。沿途毛泽东和萧子升两人一路吟诗联句，在游览安化北宣判塔时，毛泽东还在七层塔壁用墨笔题联：

水拖蓝，紫云反照；

铜钟滴水，梅岭寒来。

这首七律也是其中的代表作。

五言诗·云封桥锁（残句）

1917 年夏

云封狮固楼，

桥锁玉潭舟。

时代背景

1917 年夏，毛泽东与萧子升游学来到宁乡县。一天傍晚，他们散步来到县城东北角的风景区狮固山，在河边小憩。他们一边谈天，一边观赏周围的山光水色。夕阳西下，天上晚霞绚烂，彩云遮月。狮固山上的狮固楼在晚霞之中，披上了一层绚丽的金纱，眼前突兀而立的狮固楼高耸入云，天上人间融为一体，蔚为壮观，令人遐想连翩。萧子升触景生情，以晚霞中的狮固楼为题脱口吟出上联："云封狮固楼。"毛泽东望着远处的玉潭舟，对出下联："桥锁玉潭舟。"

赏　析

这首诗，毛泽东和萧子升配合得极妙，无论风格、语言、情感上都犹出一人之手。他们抓住宁乡有特色而又为人们所熟悉的景点来对答，尤其是用拟人的手法将"云"与"桥"描绘得相得益彰。一个"封"字，写出了彩云的飘动；一个"锁"字，则写出了玉潭泊舟的宁静。一动一静，动中有静，静中有动。静止的楼衬出了飘动的云，流淌的水愈显出玉潭泊舟的静，真乃相映成趣，读之引人入胜。

七绝·呈刘翰林联句

1917 年夏

翻山渡水之名郡（毛），

竹杖草履谒学尊（萧）。

途见白云如晶海（萧），

沾衣晨露浸饿身（毛）。

.

注　释

之：到。

谒（yè）：拜见。

时代背景

1917 年 7 月毛泽东和萧子升到农村调查，他们利用这个办法来游历乡土，考察农民生活，了解各处风俗习惯。因为毛泽东一向反对死读书，主张活读书。他相信"周览名山大川……襟怀日广"。他很想周游全国，但苦于没有旅费，只能决定先游历湖南。1917 年 7 月假期中，毛泽东先回韶山看望了双亲，就邀请在楚怡小学教书的老同学萧子升一起开始"游学"。

7 月的湖南乡村，骄阳似火。毛泽东和萧子升走在乡村的小路上，满目田野风光，心里只觉得很舒畅，很亲切。他们每到一个地方，就和贫苦农民拉家常，甚或一起劳动。可是"游学"时也有挨饿的时候，为了弄到吃的，他们俩也费了不少心思。他们一路就找富裕的读书人家。经过打听，附近有三户读书人家，声望最高的是一位早已告老还乡的刘翰林，于是两人就决定去拜谒这位隐居山间的刘翰林。去之前，两人联手做了这首七绝。

赏 析

"翻山渡水之名郡，竹杖草履谒学尊。"此两句是说他们经过长途跋涉前来贵地拜谒学尊。"途见白云如晶海"暗夸刘翰林能摆脱俗事纠缠，在山间过隐居生活。末句"沾衣晨露浸饿身"则写明了他们目前遭受饥饿的困顿，也暗示了前来拜谒的目的。刘翰林一见信上的诗，对他们的才气很是赞赏，不仅热情接待了他们，还给了他们不少铜板。

杂言诗·河出潼关

1917 年至 1918 年

河出潼关，因有太华抵抗，而水力益增其奔猛。

风回三峡，因有巫山为隔，而风力益增其怒号。

注 释

潼关：地处陕西省关中平原东端，居秦、晋、豫三省交界处。东接河南灵宝，西连陕西华阴，南依秦岭与陕西洛南为邻，北濒黄河、渭河同陕西大荔及山西芮城隔水相望。潼关是陕西的东大门，是连接西北、华北、中原的咽喉要道，其地理位置具有战略意义。

太华：即华山，为我国五岳之西岳，位于陕西省关中平原东部的华阴县境内。华山奇峰耸立，绝壁巍峙，摄人魂魄。东、南、西、北、中五峰环峙，雄奇险峻，高擎天空，远而望之状若一朵盛开的莲花，故名华山。华山向来以奇险冠绝天下，有"华山自古一条路"之说。

巫山：位于重庆东北部，三峡腹心，素有"渝东门户"之称，地跨长江巫峡两岸。东邻湖北巴东，西接重庆奉节，南与湖北建始毗连，北与巫溪及神农架接壤。

赏 析

这是毛泽东在阅读一本西方哲学家的著作时写下的，昂扬锐气，直透字里行间。

五言诗·大沽观海

1919 年

苍山辞祖国，弱水望邻封。（残句）

注　释

此诗句源于罗章龙回忆。

大沽：位于天津。天津是北京的门户，大沽海口是入京咽喉，津门之屏障。自明代初期永乐皇帝朱棣迁都北京，大沽海口的战略地位就显得十分重要。明代，为防倭寇，大沽口开始设防。清代修建炮台、设置大炮，防务不断加强。近代，随着帝国主义列强对华侵略，大沽地区更成为北方的军事要地。南有虎门，北有大沽，这是我国近代史上的两座海防屏障。

时代背景

查阅《毛泽东年谱》和其他有关毛泽东行踪的史料，可看到其中记载有毛泽东在 1918 年 8 月 19 日至 1919 年 3 月 12 日，曾与萧三、罗章龙到天津大沽口观海、看要塞炮台等。

据资料查实，毛泽东从湖南一师毕业后，与准备赴法国的学友乘火车到北京，再到天津，送别学友赴法国留学。毛泽东作此诗作别。当时中国学子出国勤工俭学非常流行，应该有政府的政策性支持，但当时的毛泽东并没有出国。据毛泽东自己回忆，说是自己并不了解国内的国情，还希望多了解中国。其实毛泽东内心深处更有隐情，因为此时，他的母亲病危，他不想在此时离开自己的母亲，只身前往国外勤工俭学。对学友的请求，他也是婉拒。从诗词看，他表现得非常大气，不改豪迈作风，对学友的离别也并无依依惜别之情。

毛泽东新中国成立前后还曾两次亲临大沽口炮台，体现了伟人对大沽口炮台的重视和关心。

新体诗·颂赵女士的人格

1919 年 11 月 18 日

不自由，

毋宁死。

雪一般的刀上面，

染了怪红的鲜血。

柑子园尘秽街中被血洒满，

顿化成了庄严的天衢。

赵女士的人格也随之涌现出来，

顿然光焰万丈。

时代背景

1919 年，长沙发生新娘赵五贞因反对包办婚姻在花轿内自杀事件，青年毛泽东在《大公报》和《女界钟》上发表一系列文章论评此事件。如:《对于赵女士自杀的批评》《赵女士的人格问题》《婚姻问题敬告男女青年》《改革婚制问题》《女子自立问题》《"社会万恶"与赵女士》《非自杀》《恋爱问题——少年人与老年人》《打破媒人制度》《婚姻上的迷信问题》等。此诗也即为此事而作。

四言诗·红军第四军司令部布告

1929 年 1 月

红军宗旨，民权革命。赣西一军，声威远震。

此番计划，分兵前进。官佐兵夫，服从命令。

平买平卖，事实为证。乱烧乱杀，在所必禁。

全国各地，压迫太甚。工人农人，十分苦痛。

土豪劣绅，横行乡镇。重息重租，人人怨愤。

白军士兵，饥寒交并。小资产者，税捐极重。

洋货越多，国货受困。帝国主义，哪个不恨？

军民匪党，完全反动。口是心非，不能过硬。

蒋桂冯阎，同床异梦。冲突已起，军阀倒运。

饭可充饥，药能医病。共党主张，极为公正。

地主田地，农民收种。债不要还，租不要送。

增加工钱，老板担任。八时工作，恰好相称。

军队待遇，亟须改订。发给田地，士兵有份。

敌方官兵，准其投顺。以前行为，可以不问。

累进税法，最为适用。苛税苛捐，扫除干净。

城市商人，积铢累寸。只要服从，余皆不论。

对待外人，必须严峻。工厂银行，没收归并。

外资外债，概不承认。外兵外舰，不准入境。

打倒列强，人人高兴。打倒军阀，除恶务尽。

统一中华，举国称庆。满蒙回藏，章程自定。

国民政府，一群恶棍。合力铲除，肃清乱政。

全国工农，风发雷奋。夺取政权，为期日近。

革命成功，尽在民众。布告四方，大家起劲。

时代背景

毛泽东和朱德领导的红四军，十分注重宣传党的主张，通过发动群众和宣传群众来大造革命声势，以团结各种力量参与革命斗争，形成广泛的革命统一战线。

为了宣传党的统一战线主张和政策，朱、毛红军离开井冈山进军赣南途中，发布了《红四军司令部布告》，宣布了红军的宗旨。布告以红四军军长朱德、党代表毛泽东共同署名。

1929 年 1 月 14 日，毛泽东、朱德率领红四军主力 3600 人从井冈山茨坪等处出发，经遂川，向赣南进军，沿途张贴此布告。"朱毛红军"的名声由此在更广泛的范围内传开。由毛泽东、朱德率领的红四军，就这样踏上新的征途，向着广阔的赣南地区进军了。

赏 析

该布告采用四言韵句形式，精简凝练，内容丰富，阐明了共产党和红四军的统一战线政策和策略。其内容包括：第一，对待地主的政策。第二，对待老板的政策。第三，对待敌人的政策，允许他们投顺红军。对投顺的敌军，既往不咎。第四，对待城市商人，允许其正当经营，扫除一切苛捐杂税。第五，对待外国人在中国开设的工厂和开办银行，要一律没收归公；一律废除外资外债；对待外国的军队和舰船，一律不准入境。第六，对于各少数民族的政策，明确章程自定，实际上就是实行民族自治。这些内容表明，中国共产党实行的政策，就是要建立一个团结绝大多数人起来进行革命的统一战线，以推翻帝国主义和封建主义对中国人民的残酷统治，推翻国民党的反动政府，为中国革命的胜利和夺取全国政权而奋斗。

四言诗·懦夫奋臂

1935 年 10 月

嘤其鸣矣，求其友声。

暴虎入门，懦夫奋臂。

注　释

嘤其鸣矣，求其友声：见《诗经·鹿鸣》，全诗为："嘤其鸣矣，求
其友声。相彼鸟矣，犹求友声；伊人兮，不求友声？"意为：（鸟儿）嘤
嘤地鸣叫声啊，追求着它的同类的回应。看那些鸟儿啊，还能够追求它
的同类的回应，何况是人，怎么能不呼朋唤友呢？

暴虎：暴虎冯（píng）河，赤手空拳打虎，徒步踏水过河。比喻有勇无谋，冒险行事。

懦夫：软弱胆小的人。

四言诗·题《中国妇女》之出版

1939 年

妇女解放，突起异军。两万万众，奋发为雄。

男妇并驾，如日方东。以此制敌，何敌不倾？

到之之法，艰苦斗争。世无难事，有志竟成。

有妇人焉，如旱望云。此编之作，伫看风行。

时代背景

《中国妇女》杂志于 1939 年 6 月 1 日在延安窑洞中诞生。她是中共中央妇女运动委员会在延安创办的第一本全国性的妇女刊物。毛泽东同志热情关怀和支持《中国妇女》杂志的创刊，并为创刊号写下了这篇热情洋溢的题词。毛泽东激越的文字曾鼓舞着千千万万《中国妇女》杂志的读者投身抗日救国的伟大事业。

四言诗

1939 年 6 月 1 日

春草碧色，春水绿波。

送君延安，快如之何！

时代背景

这是 1939 年毛泽东在陕北公学讲演并欢送同志时写的四言诗。

赏　析

南朝著名文学家江淹《别赋》说："春草碧色，春水绿波，送君南浦，伤如之何！"描写浦畔春草，含别离之意。毛泽东借用古诗，借古人之意，来写欢送同志们的心情。

赞"密使一号"

1950 年 1 月上旬

惊涛拍孤岛，碧波映天晓。

虎穴藏忠魂，曙光迎来早。

时代背景

随着海峡两岸逐渐解密的资料，尤其是中共"密使一号"吴石将军的资料的公开，毛泽东的五言绝句诗公之于世。这是毛泽东唯一的一首赞扬吾党吾军情报战线英雄的诗。

吴石（1894—1950），中共地下组织给他的代号为"密使一号"。吴石抵台后，就任国民党国防部参谋次长，1950年6月10日，被叛徒出卖在台北从容就义。临刑前，吴石将军望着大陆方向说："台湾大陆都是一家人。这是血脉民心。几十年后，我会回到故里的。"为了表彰吴石将军为祖国统一大业作出的特殊贡献，1973年周恩来力排众议，在毛泽东的支持下，由国务院追认吴石将军为革命烈士。

七绝·改梅白《夜登重庆枇杷山》

1958 年

我来高处欲乘风，暮色苍茫一望中。

百万银灯摇倒影，嘉陵江似水晶宫。

时代背景

湖北省委副秘书长梅白，曾因工作关系多次在毛泽东身边。1958年，梅白随毛泽东视察三峡，写了一首诗《夜登重庆枇杷山》："我来高处欲乘风，暮色辉煌一望中，几万银灯流倒影，嘉陵江比水晶宫。"毛泽东看了后，对梅白说，如果把"辉煌"二字改为"苍茫"则能显出夜色之动态，也为"水晶宫"作伏笔，显得"辉煌"，诗贵在含蓄并留有余地。第三句"几万"改为"百万"以显示山城新貌，这里应鲜明，而不应含糊；"流倒影"则不如"摇倒影"，这也是为了显示夜影之动态。毛泽东又说，采取对比手法，写嘉陵江不平铺直叙，要写得风翻浪卷，以显示嘉陵江之性格。因此，第四句的"比"改为"似"好些。这又是虚笔写实。总之，诗贵意境高尚，尤贵意境之动态，即变化，才能见诗之波澜。这正是自唐以来格律诗之优越性。改后，这首诗就这样组合：

> 我来高处欲乘风，暮色苍茫一望中。
>
> 百万银灯摇倒影，嘉陵江似水晶宫。

毛泽东改完后，征求梅白的意见说：如何？你比较一下，有比较才能鉴别。诗要改，不但要请人改，而最主要靠自己改。写完后，放它一个时候，看了，想了，再改，就有可能改得好一些。这就是所谓"推敲"之好处。当然，也有经过修改不及原作的。

1959年，毛泽东在庐山会议初期，印发《到韶山》一诗。他还虚心地向梅白征求意见。梅白就提出其中"别梦依稀哭逝川"这一句应改"哭"为"咒"更好，这样诗意更积极深刻，感情也更鲜明强烈一些。毛泽东欣然接受了梅白的意见，称梅白是"半字之师"。另外，《到韶山》诗最后一句原为"要使人民百万年"，梅白又提出不妥，说这句有口号之嫌。毛泽东就将这句改为"遍地英雄下夕烟"。

四言韵语·养生十六字诀

1958 年

遇事不怒，基本吃素。

多多散步，劳逸适度。

赏 析

即使已到了 74 岁的年纪，毛泽东还率众游泳渡长江，不难想象其身体状况之好。有一次，毛泽东谈及自己的养生之道时，总结出了此健康16 字诀。

"遇事不怒"就是保持心情平静，这样可以降低舒张压，让心跳变慢，长久下来，血压升高而引发心血管疾病及脑血管病变的几率当然大幅降低。

"基本吃素"指的是"多吃素，少吃荤"，而不是全然吃素，荤素比率约 2 比 8，可分开吃，也可合在一起吃。素食饮食的纤维素摄取量较高，除可预防并改善便秘外，还可降低血中胆固醇，减少心血管疾病的发生率。

"多多散步"强调多运动的好处，因为运动时交感神经活化，血管舒张，肌肉代谢率增加，脑部组织活性上扬。运动量愈高，罹患大肠癌及肺癌的几率愈低，也不容易出现退化性关节炎等。

"劳逸适度"则让人步调放慢，劳逸结合，不要忙到没有时间休息。

七律·答友人

1961 年

九嶷山上白云飞，帝子乘风下翠微。

斑竹一枝千滴泪，红霞万朵百重衣。

洞庭波涌连天雪，长岛人歌动地诗。

我欲因之梦寥廓，芙蓉国里尽朝晖。

注　释

此诗最早发表于人民文学出版社 1963 年 12 月版《毛主席诗词》。

九嶷山：又名苍梧山，在湖南省宁远县城南 60 里。也作九疑山。《史记·五帝本纪》载，舜践帝位三十九年，"南狩"巡崩于苍梧之野，葬于江南九疑（即九嶷山）。

帝子：指唐尧的两女娥皇与女英，同嫁舜帝为妃。

翠微：青绿的山色，泛指青山。

斑竹：也叫湘妃竹。竹子的一种，茎上有紫褐色的斑点。茎可以制作装饰品、手杖、笔杆等。

芙蓉国：指湖南省。唐谭用之有"秋风万里芙蓉国，暮雨千家薜荔村"句。

长岛：橘子洲。

寥廓（liáokuò）：高远深旷。

朝晖（zhāohuī）：早晨太阳的光辉。

时代背景

1961 年 12 月 26 日诗人给周世钊的信中，在引用"秋风万里芙蓉国，暮雨千家薜荔村""西南云气开衡岳，日夜江声下洞庭"两联后说："同志，你处在这样的环境中，岂不妙哉？"（见《毛泽东书信选集》第 588 页）。据此印证，此律所答之友人主要当指周世钊。周世钊（1897—1976），湖南宁乡人，是毛泽东在湖南省立第一师范的同学，新民学会会员，长期从事教育工作，当时任湖南省第一师范学校校长，湖南省教育所副所长。

赏 析

全诗是革命现实主义与革命浪漫主义相结合的艺术精品。

佛雏《读毛主席诗词十首》关于此律，有一段话说："主席这首诗，以无边逸兴，运生花彩笔，传湘娥之优美，状洞庭之寥廓，答长岛友人之豪兴。颂今日楚国之朝晖。全诗仪态万方，逸韵横生，极飞动，极缛丽，气吞云梦，秀寨芙蓉。我想，如果今日而有冯夷起舞，湘灵鼓瑟，他们定会撇去那些古调哀音，而欣然奏出一曲'芙蓉国里尽朝晖'的吧！"这段话写得很优美，用以阐明毛泽东这首诗的风采韵致，传神至极。

毛泽东诗词中，常常运用古代神话传说，用以叙事，用以抒情。如《渔家傲》中的"不周山下红旗乱"，如《送瘟神》中的"牛郎欲问瘟神事"，如《水调歌头》中的"神女应无恙，当惊世界殊"，如《菩萨蛮》中的"黄鹤知何去？剩有游人处"，而最突出的则是《蝶恋花·答李淑一》和这首《七律·答友人》。《诗经》中的《生民》《玄鸟》，把包含着信史胚胎的古代神话传说作为真正历史，把某些自然神或神话中的人物作为自己崇拜的祖先，这是在神话基础上编制的乐歌或颂歌，是真正的神话诗。《楚辞》中的《九歌》，是以神话题材写作的歌舞祭歌，就其内容说，神话色彩比《生民》《玄鸟》还要纯粹，从而也可以证明其时人与神的区别已经比较分明。所以像《天问》《离骚》等，则只是借引神话故事来抒愤懑、寄幽情了。

　　《七律·答友人》诗中的前两联，也定然有所实指，说的是"仙灵之美"，写的是"一段哀感动人的古代传说"，实际内容，还是暗喻友人的身世和遭遇，是诗本身的有机组成部分，否则怎么能到颔联而"转到了友人之豪"，到尾联而"答友人赠诗之情、申自己楚天之梦"呢？很难设想，在这些革命现实的表达之前，会外加上一段与此无关的"湘娥之优美"的描绘，那是为了什么呢？仅仅是为的起"对照和陪衬的作用"吗？不会的。两结合的创作方法，革命浪漫主义与革命现实主义二者是互相渗透、互相生发的，是具有新质的合金。

　　或问：诗人为什么这样逸兴遄飞，把现实描绘得如许优美，把未来又歌唱得那等辉煌呢？为什么？这首诗作的年代，是在1961年，正是连续三年遇到特大的自然灾荒，生活上出现暂时困难的时候。我们不知道友人来信或寄诗中说的是什么，而在一般常人，当时情绪是难免会有一些波动的。于此，诗人是怎样理解的呢？这首七律给我们作了形象的回答。试想想看吧，这有着多么深刻的意义！假如对生活只作表面的观察，对现实只作概念的认识，能够写出这等诗篇来吗？总之，这就是说，要作革命现实主义和革命浪漫主义相结合的诗，必须先做革命现实主义和革命浪漫主义相结合的人。这是"把革命气概和求实精神相结合的原则运用在文学艺术上"（周扬）。脱离现实，当然产生不出革命的理想；而没有理想，怎么能够把握现实的本质呢？洞庭波涌，长岛人歌，芙蓉国里，一片朝晖，难道这不是我们生动的现实吗？而假如不具有革命的理想，在暂时困难面前，这现实的本质是人人能够认识的吗？正由于这诗是写于 1961 年，才愈见其难能可贵，远非一般常手所能道出。这是金石为开的真诚所生发的精神境界的超越。

七律 · 和郭沫若同志

1961 年 11 月 17 日

一从大地起风雷，便有精生白骨堆。

僧是愚氓犹可训，妖为鬼蜮必成灾。

金猴奋起千钧棒，玉宇澄清万里埃。

今日欢呼孙大圣，只缘妖雾又重来。

附：郭沫若原诗

七律 · 看《孙悟空三打白骨精》

人妖颠倒是非淆，对敌慈悲对友刁。

咒念金箍闻万遍，精逃白骨累三遭。

千刀当剐唐僧肉，一拔何亏大圣毛。

教育及时堪赞赏，猪犹智慧胜愚曹。

注　释

氓（méng）：古代称百姓（多指外来的）。

鬼蜮：鬼怪。蜮（yù），传说中在水里暗中害人的怪物。

澄清：使混浊变为清明，比喻肃清混乱局面。澄（chéng），使清明，使清楚。

缘：因为。

金箍：《西游记》里孙悟空头上戴的箍子。紧箍咒，《西游记》里唐僧用来制伏孙悟空的咒语，能使金箍缩紧，使他头疼。比喻束缚人的东西。

时代背景

此诗作于中共与苏共分裂公开化之时。

白骨精的故事，见《西游记》第二十七回《尸魔三戏唐三藏，圣僧恨逐美猴王》，浙江省绍兴剧团把它改编为绍剧《孙悟空三打白骨精》，于 1961 年 10 月 18 日在北京民族文化宫演出，郭沫若看过戏以后，写了一首七律《看〈孙悟空三打白骨精〉》。在诗中对一度由于被欺骗、受蒙蔽而颠倒人妖、混淆是非的唐僧抱着偏激的看法，恨他"咒念金箍"，咒他"千刀当剐"，实际上是对在现实的阶级斗争生活中、国际政治舞台上出现的投降主义者的性质没有估计准确。他们就是白骨精，他们不是唐三藏。毛泽东的和诗便是这样从事物的本质上，深一层地有分析地来看问题的。郭老于 1962 年 1 月 6 日读过毛泽东和诗以后，受到很大启发，当天就曾用毛泽东诗的原韵，又和了一首；

赖有晴空霹雳雷，不教白骨聚成堆。

九天四海澄迷雾，八十一番弭大灾。

僧受折磨知悔恨，猪期振奋报涓埃。

金睛火眼无容赦，哪怕妖精亿度来。

据郭老说，这首诗再交给毛泽东看过后，曾得毛泽东回信说："和诗好，不是千刀当剐唐僧肉了。对中间派采取了统一战线政策，这就好了。"于此，郭老曾加以申说：毛泽东把唐僧作为"中间派"，是因为他站在白骨精与孙悟空之间，是受了白骨精蒙蔽的人。这种人是相当多的，经过事实的验证，他们是可以转变过来的。这些人倒是我们应该争取的对象，不应该感情用事地加以深恶痛绝，认为"千刀当剐"。但是，如果是投降主义者，那就不是中间派，而是现了原形的妖精，我们不好把它和唐僧的形象混同起来。对于这样的妖精，金睛火眼是能够看透它的。一万三千五百斤重的金箍棒必然会打中在它的头上，而使妖雾澄清（"玉宇澄清万里埃"）。毛泽东的这首七律，正是在这些方面作了精确深刻的剖析。

赏　析

臧克家说："和郭沫若同志的一诗一词，饱含着寓言意味和热辣的讽刺。"是的，毛泽东此律，是以寓言手法作感时遣怀的抒情，是借用神话传说材料所作的饱含着激情的政论诗或政治讽刺诗。

此诗的特点，不只在于较之所和郭诗更符合原来神话传说的情节，即诗的形象借以塑造的素材，不曾违反客观事物的自然属性；而且尤其重要的是更确切地揭示了现实斗争的本质意义，正如郭沫若先生在《满江红·读毛主席诗词》中所说："典则远超风雅颂，阶级分清敌我友。"这是非常重要的。假如说，这一点，我们常人经过学习，也还是能够理解，可以办到的；那么，诗人的创造性，诗人的博大精深，诗人那种料事如神、胜算在握、"胸中自有雄兵百万"、"乱云飞渡仍从容"的襟怀与气度则是我们常人难以企及的。将古比今，察往知来，机会主义这玩意儿，从来就有，几乎是同国际无产阶级革命运动相伴而生的："一从大地起风雷，便有精生白骨堆。"论其性质，不是内部矛盾，乃是敌我矛盾。内部矛盾，还可以通过"团结、斗争、团结"的方式解决之，"僧是愚氓犹可训"；敌我矛盾，如不扑灭，必贻后患，"妖为鬼蜮必成灾"。可是，一部马克思列宁主义的发展史，就是同各种反马克思列宁主义思潮辩论和斗争并战胜它们的历史；不论反马克思列宁主义流派多么猖狂，总经不住革命的马克思列宁主义的批判与反击，真理是无敌的，是战无不胜、攻无不克的。马克思恩格斯之于巴枯宁、拉萨尔，列宁之于伯恩斯坦、考茨基，不都曾扫清妖氛给了他们以粉碎性的打击吗？"金猴奋起千钧棒，玉宇澄清万里埃。"看来，反马克思列宁主义思潮阴魂未散，现在又化形出现了，无论他们伪装成什么模样儿，狐狸尾巴都露出来了。孙大圣挥动千钧金棒，给他们致命的当头一击吧，难道还能让这些牛鬼蛇神阻住通往西天的大道吗？肯定不能，肯定不会："今日欢呼孙大圣，只缘妖雾又重来。"激情与信心，在艺术形象中自然流露。读过此诗，就于不知不觉之间受到一种感染，激起一种情绪；对敌人投以憎恶与蔑视的目光，对前途抱定战斗到胜利的决心。这种气概，这种精神，在诗篇中洋溢着、响彻着，一被群众掌握，便必然转化为一种物质的力量。现代白骨精不论多么狡猾，多么刁钻，多么来势汹汹，其实是银样镴枪头，在马克思列宁主义的千钧金棒下，绝难逃出活命。打啊，管教他变成一堆粉骷髅！诗的风格，沉雄坚毅。诗本身就具有雷动之威、风散之力，是富有风趣的诗篇，又是痛扫妖氛、澄清玉宇的战斗檄文。

十六字令·八首

1964 年

龙，隐雾驱云驾长风，

骤雨霁，天际起雷虹。（龙，革命者）

灯，黑沉迷途指归程，

红光闪，万众获重生。（灯，革命行动）

泉，杳然无底是灵源，

靖澈澈，谁入藏心间。（泉，革命热情）

水，群众饥渴饮且醉，

被颠倒，从此夜生辉。（水，革命理论）

雷，孤夜深深独不寐；

隆隆轰，斩断万年碑。（雷，革命运动）

秋，百花杀尽犹未休，

狂飙动，神州落荒流。（秋，革命年代）

枪，荧光冥冥过冷芒，

忽而怒，平地三尺浪。（枪，革命武装）

花，可怜羞弱不胜压，

昨夜雪，娇藏在冰崖。（花，革命士将）

注　释

十六字令：又名《苍梧谣》《归字谣》等。单调，十六字，四句，三平韵。

骤（zhòu）：急速。

霁（jì）：雨后或雪后转晴。

杳然：形容沉寂或不见踪影。杳（yǎo），远得看不见踪影。

寐（mèi）：睡。

飙（biāo）：暴风。

赏　析

顾名思义，十六字令只有十六个字。在这短短的十六字里，要填充出一个完整、丰满的形象来是非常困难的，而毛泽东做到了。这八首小令气势博大雄浑，豪放洒脱，气韵天成，句句是神来之笔。

附 毛泽东相关诗论文字

毛泽东同志不仅是伟大的军事家、思想家，也是才华横溢的杰出诗人。他有许多的文沦、诗论和美学思想除见于《毛泽东选集》外，还散见于一些与战友的书信与谈话。全面学习毛泽东诗词艺术，还可以从这里得到更好的启发。

毛泽东读范仲淹词批语

1957 年 8 月 1 日

苏 幕 遮

范仲淹

碧云天，黄叶地，秋色连波，波上寒烟翠。山映斜阳天接水，芳草无情，更在斜阳外。

黯乡魂，追旅意。夜夜除非，好梦留人睡。明月楼高休独倚，酒入愁肠，化作相思泪。

渔家傲

范仲淹

塞下秋来风景异，衡阳雁去无留意。四面边声连角起，千嶂里，长烟落日孤城闭。

浊酒一杯家万里，燕然未勒归无计。羌管悠悠霜满地。人不寐，将军白发征夫泪。

词有婉约、豪放两派，各有兴会，应当兼读。读婉约派久了，厌倦了，要改读豪放派。豪放派读久了，又厌倦了，应当改读婉约派。我的兴趣偏于豪放，不废婉约。婉约派中有许多意境苍凉而又优美的词。范仲淹的上两首，介于婉约和豪放两派之间，可算中间派吧；但基本上仍属婉约，既苍凉又优美，使人不厌读。婉约派中的一味儿女情长，豪放派中的一味铜琶铁板，读久了，都令人厌倦的。人的心情是复杂的，有所偏袒仍是复杂的。所谓复杂，就是对立统一。人的心情，经常有对立的成分，不是单一的，是可以分析的。词的婉约、豪放两派，在一个人读起来，有时喜欢前者，有时喜欢后者，就是一例。睡不着，哼范词，写了这些。江青看后，给李讷看一看。

一九五七年八月一日

致胡乔木

1959 年 9 月 7 日

乔木同志:

　　诗两首,请你送给郭沫若同志一阅,看有什么毛病没有?加以笔削,是为至要。主题虽好,诗意无多,只有几句较好一些的,例如"云横九派浮黄鹤"之类。诗难,不易写,经历者如鱼饮水,冷暖自知,不足为外人道也。

　　　　　　　　　　　　　　　　　　　　　毛泽东

　　　　　　　　　　　　　　　　　　　　　九月七日

　　此为毛泽东就 1959 年 6 月写的《七律·到韶山》和同年 7 月写的《七律·登庐山》两诗致函胡乔木。

毛泽东致陈毅信

陈毅同志：

你叫我改诗，我不能改。因我对五言律，从来没有学习过，也没有发表过一首五言律。你的大作，大气磅礴。只是在字面上（形式上）感觉于律诗稍有未合。因律诗要讲究平仄，不讲平仄，即非律诗。我看你于此道，同我一样，还未入门。我偶尔写过几首七律，没有一首是我自己满意的。如同你会写自由诗一样，我则对于长短句的词学稍懂一点。剑英善七律，董老善五律，你要学习律诗，可向他们请教。

　　　　　　西行

万里西行急，乘风御太空。不因鹏翼展，哪得鸟途通。

海酿千钟酒，山栽万仞葱。风雷驱大地，是处有亲朋。

只给你改了一首，还很不满意，其余不能改了。

又诗要用形象思维，不能如散文那样直说，所以比、兴两法是不能不用的。赋也可以用，如杜甫之《北征》，可谓"敷陈其事而直言之也"，然其中也有比、兴。"比者，以彼物比此物也"，"兴者，先言他物以引起所咏之词也"。韩愈以文为诗，有人说他完全不知诗，则未免太过。如《山石》《衡岳》《八月十五酬张功曹》之类，还是可以的。据此可以知为诗之不易。宋人多数不懂诗是要用形象思维的，一反唐人规律，所以味同嚼蜡。以上随便谈来，都是一些古典。要做今诗，则要用形象思维方法，反映阶级斗争与生产斗争，古典绝不能要。但用白话写诗，几十年来，迄无成功。民歌中倒是有一些好的。将来趋势，很可能从民歌中吸取养料和形式，发展成为一套吸引广大读者的新体诗歌。又李白只有很少几首律诗，李贺除有很少几首五言律外，七言律他一首也不写。
李贺诗很值得一读，不知你有兴趣否？

毛泽东

一九六五年七月廿一日

参考文献

1. 湘潭市党史办 . 毛泽东在湘潭 . 北京：中共党史出版社，1993.

2. 陈晋著 . 毛泽东与文艺传统 . 北京：中央文献出版社，1992.

3. 高菊村，龙剑宇等著 . 毛泽东故土家族探秘 . 北京：西苑出版社，1993.

4. 季世昌著 . 毛泽东诗词新解 . 北京：中央文献出版社，2003.

5. 臧克家主编 . 毛泽东诗词鉴赏 . 石家庄：河北人民出版社，2003.

6. 臧克家主编 . 毛泽东诗词鉴赏 . 郑州：河南文艺出版社，2005.

7. 蔡清富，黄辉映编著 . 毛泽东诗词大观 . 成都：四川人民出版社，2007.

8. 中共中央文献研究室毛泽东研究组 . 毛泽东画传 . 北京：中央文献出版社，2005.

9. 曹俊杰编著 . 跟毛泽东学思维 . 北京：西苑出版社，2005.

10. 沈永社著 . 跟毛泽东学修辞 . 北京：西苑出版社，2008.

11. 中共中央文献研究室编 . 毛泽东文集 . 北京：人民出版社，1993.

12. 米谷作，丁晓平校 . 少年毛泽东 . 北京：北京：中国青年出版社，2009.

13. 胡乔木著 . 胡乔木回忆毛泽东 . 北京：人民出版社，2003.

14. 中共中央文献研究室，中共湖南省委《毛泽东早期文稿》编辑组编 . 湖湘文库——毛泽东早期文稿（1912.6—1920.11）. 长沙：湖南人民出版社，2008.

15. 赵遵生著 . 青年毛泽东 . 上海：上海人民出版社，2003.

16. 仲文翰，朱润豪，邢国红主编 . 毛泽东手书古诗词鉴赏 . 长春：吉林文史出版社，2005.

17. 毛泽东手书选集 . 毛泽东手书选集编辑委员会编 . 内部资料，1968年 12 月 .

跋

毛泽东诗词的思想境界

  毛泽东同志以包蕴寰宇的心胸、浪漫主义情怀、静中寓动的手法，用百余首诗词抒发出波澜壮阔的场面，显示出惊天动地、突兀磅礴、吞吐风云的气势。毛泽东诗词所描绘的正是毛泽东同志所带领的中国革命斗争生活的真实写照。

  第一次大革命前夕，中国革命形势风起云涌，工人运动一浪高过一浪，此时，毛泽东就发出了"问苍茫大地，谁主沉浮"的时代最强音和"到中流击水"的斗争渴望。1927年大革命失败前夕，毛泽东写下了《菩萨蛮·黄鹤楼》对即将出现的革命危机做出了预言。

  1927年到1931年是中国土地革命时期，工农革命蓬勃发展，共产党在军阀战争间隙里，不断壮大革命势力，中国革命又出现了新的高潮。在这期间，毛泽东相继创作了《西江月·井冈山》《清平乐·蒋桂战争》《采桑子·重阳》《如梦令·元旦》《减字木兰花·广昌路上》等作品，全面反映了这一时期欣欣向荣、不断胜利的革命形势。第二次国内革命战争期间，毛泽东写出了《渔家傲·反第二次大围剿》《菩萨蛮·大柏地》《清平乐·会昌》，再现了人民武装力量反击反革命围剿并不断胜利的战斗场景。长征期间，毛泽东创作了《忆秦娥·娄山关》《十六字令》《七律·长征》《清平乐·六盘山》等作品，反映了长征艰苦卓绝的斗争经历和共产党领导下的红军英勇无畏的英雄气概。抗战前夕的《沁园春·雪》写在抗日高潮即将到来之际，以其最先进的历史观点评古论今，指出人民是真正的风流人物、是历史的主人，这首词又以其至高无上的艺术价值，

被评论家称为"千古绝唱"。《七律·人民解放军占领南京》更是直接
向全国人民发出将革命进行到底的号令。

中国古代现实主义文学创作源远流长，从我国第一部诗歌总集《诗
经》到唐代杜甫、白居易的现实主义创作及宋代陆游、辛弃疾等爱国主
义诗词作品，都从很深的层面上反映了当时的社会生活，反映当时的政
治面貌或人民的疾苦。但是，这些诗人都没有把笔深入到社会革命和斗
争的浪尖上去表现推动社会向前发展力量的最高形式——革命斗争。如：
曾经涉及军事斗争题材的曹操只有《蒿里行》写出了战争的影子；辛弃
疾的《卜算子·醉里挑灯看剑》仅写出了幻想中的战斗场面；苏轼的《念
奴娇·赤壁怀古》是凭吊古战场……唯有毛泽东的诗词像浪花一样时时
以最贴近的距离紧随社会革命的浪涛而跳跃。毛泽东诗词又像一面中国
革命史的镜子，真实而艺术地反映了中国共产党从 20 世纪 20 年代开始
近半个世纪的斗争历程。毛泽东的诗词中，也有一些是怀念友人或朋友
赠答之作，如《浣溪沙·和柳亚子先生》《七律·答友人》，所寄之情
也绝非单纯的个人情感，都是时代精神的提炼，具有浓厚的时代气息。

读毛泽东诗词，最鲜明的体验就是毛泽东诗词的境界博大开阔、气
势恢宏、摧山撼岳。在毛泽东丰富复杂的革命生涯和多姿多彩的情感生
活中始终贯注着一种积极向上的人生理想和坚不可摧的乐观精神，正是
这种精神力量影响着其诗词的创作倾向，形成了其豪放壮阔之美略蕴婉
约之美的艺术风格。看似不经意的轻描淡写，展示出纵横万里的壮美，
发出吞吐山河、雷霆万钧的气势。像"北国风光，千里冰封，万里雪飘。
望长城内外，惟余莽莽，大河上下，顿失滔滔，山舞银蛇，原驰蜡象，
欲与天公试比高"。这阕词以"千里""万里"极轻松地概括北国万里
山河冰封大地瑞雪纷飞的景象，又用一个"望"字把雄伟的长城、滔滔
的黄河、绵延的山脉、突兀的高原尽收笔端，用如此轻松简洁的笔触，
描绘出如此博大壮美的境界，确实是前无古人。对历史名帝的评价，用
了"惜""略输"和"稍逊""只识"等字，对功赫一代、名垂千古的
秦皇、汉武、唐宗宋祖、成吉思汗做了极恰切又带有傲视意味的评价。

又用"俱往矣"把这些曾受人崇拜的历史英雄送回历史，指出真正的"风流人物"在当代。这种评价历史人物的态度，在以前史学家和文学家中是从未见过的。在毛泽东诗词中，气势宏大的句子比比皆是，如"千村霹雳开新宇，万里东风扫残云""四海翻腾云水怒，五洲震荡风雷激"这些写景的诗句形象地概括了时代激变的特征。毛泽东诗词具有转动乾坤、拨动历史，藐视一切困难和强权的气魄。如《满江红·和郭沫若同志》把地球写成"小小寰球"，把强大的国际反华势力写成"有几只苍蝇碰壁"，《七律·长征》把红军长征中艰难的跋涉写成"五岭逶迤腾细浪，乌蒙磅礴走泥丸"。在毛泽东的笔下，世界小得可以运于掌心，强暴势力变得不堪一击，战胜困难变得轻而易举、视若游戏。此种气魄比苏轼的"谈笑间，樯橹灰飞烟灭"有过之而无不及。"问苍茫大地，谁主沉浮"虽是问天，却显示他主宰世界的雄心壮志，颇有气魄。"安得倚天抽宝剑，把汝裁为三截"，更是用奇特的想象，表现他战胜自然的雄伟气概。毛泽东诗词在意境的创造和场面的描写上极具特色。"独立寒秋，湘江北去，橘子洲头"，词的首句就创造一种空旷寂寥、寒凉的意境，接着写出词人橘子洲头望江流的情景，三句词写的是静态，却蕴蓄着词人内心世界的澎湃激荡。再如"天高云淡，望断南飞雁"描绘了一幅秋高气爽、白云淡淡、飞雁渐渐消逝在南天的画面，这是一种空旷、高远的意境，一个"望"字却把词人急切盼望长征胜利、革命成功的强烈愿望揭示出来，反映了词人内心世界的不平静。

"风卷红旗过大关，十万工农下吉安""百万工农齐踊跃，席卷江西直捣湘和鄂""唤起工农千百万，同心干，不周山下红旗乱"。"赣水苍茫闽山碧，横扫千军如卷席"，这些场景，描写视点极为高远，场面阔大恢弘，映射出毛泽东伟大的胸襟和强烈的斗争愿望，造就了毛泽东诗词的思想境界和艺术感染力。